CATALOGUE

BIBLIOTHÈQUE

HIPPOLYTE RODRIGUES

Mars 1889

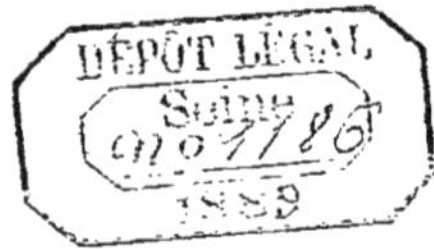

TABLE

DES

BIBLIOTHÈQUES

TABLE DES BIBLIOTHÈQUES

Report	2776	volumes
Douzième bibliothèque . . .	261	—
Treizième bibliothèque . . .	539	—
Quatorzième bibliothèque . .	427	—
Quinzième bibliothèque . . .	336	—
Seizième bibliothèque. . . .	312	—
Dix-septième bibliothèque. .	74	—
Dix-huitième bibliothèque. .	131	—
Dix-neuvième bibliothèque. .	890	—
Vingtième bibliothèque . . .	830	—
Vingt et unième bibliothèque.	680	—
Vingt-deuxième bibliothèque.	250	—
Total des Bibliothèques. .	7506	volumes

PREMIÈRE BIBLIOTHÈQUE

Premier Étage

Revue de Paris. 1830	12 v. in-8°
Lamartine.— Œuvres complètes. 1834.	4 v. in-8°
Clara Gazul. — Théâtre. 1825	1 v. in-8°
Delavigne.— Messéniennes. 1824. . .	1 v. in-8°
— Théâtre. 1820-1823	1 v. in-8°
— Messéniennes. 1827	1 v. in-8°
Marchangy.— Gaule poétique. 1824. .	6 v. in-8°
— Tristan. 1825.	6 v. in-8°
Lesage.— Lesage complet : Diable boiteux, Gil Blas, Guzman d'Alfarache, Bachelier de Salamanque, Estevanille Gonzalez, Roland l'Amoureux, Don Quichotte, Théâtre. 1821.	12 v. in-8°

Total du 1ᵉʳ étage . . . 44 volumes

Deuxième Étage

BAUR.— Geschichte. 1863. . . . . . .   1 v. in-8°
ARMAND LÉVY.— Cour de Rome. 1865.   1 v. in-8°
CHAUVOT. — Essai sur l'Homme. 1881.   1 v. in-8°
LAMBERT. — L'Immortalité. 1865. . .   1 v. in-8°
GIRARDIN et DUMAS.—Le Supplice. 1865.   1 v. in-8°
LAMARTINE. — Chute d'un Ange. 1838.   2 v. in-8°
BON COMPAGNY. — Pouvoir temporel.
    1864. . . . .   1 v. in-8°
HOLLANDERSKI.— Dictionnaire français-
    hébreu. . . . .   1 v. in-8°
HENRI MARTIN. — Histoire de France.
    1855 à 1860. . . . .   17 v. in-8°
DELILLE.— La Pitié. 1803. . . . . . .   1 v. in-8°

        Total du 2ᵉ étage. . . .   27 volumes

Troisième Étage

GOETHE. — Trad. Porchat. — Œuvres
complètes : Poésies, Théâtre, Poèmes, Vilheim Meister, Mémoires,
Voyages, Mélanges. 1861. . . .   10 v. in-8°
H. RODRIGUES. — Œuvres complètes.
1864-1888 . . . .   20 v. in-8°
H. RODRIGUES.— Devoirs du Mari. . .   2 v. in-4°

Total du 3ᵉ *étage*. . .   32 volumes

Quatrième Étage

H. RODRIGUES.— Justice de Dieu. 1869.	1 v. in-8°
SOLOWEYCZYK. — Bible, Talmud, Évangile. 1870	1 v. in-8°
HOLLANDERSKI. — Préjugés chrétiens. 1869.	1 v. in-8°
MICHELET. — Histoire romaine. 1866 .	2 v. in-8°
ARCHINARD. — Origines de l'Église. 1852.	1 v. in-8°
PRESSENSÉ.— Le Premier Siècle. 1852.	2 v. in-8°
REUSS. — Histoire du Canon. 1863 . .	1 v. in-8°
BOUTEVILLE.—Morale de l'Église. 1866.	1 v. in-8°
OLINDE RODRIGUES. — Saint-Simonisme. 1825.	1 v. in-8°
PETAVEL. — Bible en France. 1864. .	1 v. in-8°
DE POTTER.— Hist. des Conciles. 1821.	8 v. in-8°
— Hist. du Christianisme. 1836 .	8 v. in-8°
VACHEROT.— Hist. de l'École d'Alexandrie. 1846	3 v. in-8°

A reporter . . . . . . 31 volumes

Report	31 volumes
J. Janin. — La Confession. 1830 . . .	2 v. in-8°
— L'Ane mort. 1830	1 v. in-8°
Spinoza. — Trad. Prat. Œuvres complètes. 1863	1 v. in-12
André Chénier	1 v. in-18
Total du 4ᵉ étage . . .	36 volumes

Cinquième Étage

AMPÈRE. — Histoire romaine. 1863. . .   4 v. in-8°

PRÉVOST-PARADOL. — Histoire universelle. 1865. . . . .   2 v. in-12

ZÉVORT. — Romans grecs. 1856 . . .   2 v. in-12

RICHER. — Le Libre Penseur. 1868 . .   1 v. in-12

PLINE LE JEUNE. — Trad. Sacy. 1863 . .   1 v. in-12

VIRGILE. — Trad. Félix Lemaître. Œuvres. 1863 . . . .   1 v. in-12

FEUGÈRES. — Chefs-d'œuvre de Poésie.
1852 . . . .   1 v. in-12

NIBELUNGEN. — Trad. Laveleye. 1861.   1 v. in-12

A. DE MUSSET. — Comédies et Proverbes.
1867. . . . .   2 v. in-12

VOLTAIRE. — Édition du Centenaire.
1878 . . . .   1 v. in-12

FRANCK. — Morale pour Tous. 1868 . .   1 v. in-12

DAUDET. — Le Nabab. 1877. . . . . .   1 v. in-12

CÉSAR. — Commentaires. Trad. Artaud.   1 v. in-12

A reporter . . . . .   19 volumes

Report.	19 volumes
DESBAROLLES. — Mystères de la Main. 1859.	1 v. in-12
SALVADOR. — J. Salvador. 1881. . . .	1 v. in-12
FEUILLET. — Amours de Philippe. 1877.	1 v. in-12
PÉTRONNE. — Trad. de Guerle. 1861 .	1 v. in-12
AL. WEILL. — Mystères de l'Amour. 1868	1 v. in-12
MARC-AURÈLE. — Traduct. Barthélemy-Saint-Hilaire. 1876.	1 v. in-12
ARMAND SILVESTRE. — Chanson des Heures. 1878	1 v. in-12
EUGÈNE MANUEL. — En Voyage. 1882 .	1 v. in-12
DURUY. — Histoire sainte. 1865. . . .	1 v. in-12
MANUEL. — Pages intimes. 1867 . . .	1 v. in-12
LUCRÈCE. — Trad. Lagrange. 1861 . .	1 v. in-12
CICÉRON. — Discours. Trad. Girard. 1852	1 v. in-12
AL. WEILL. — Mes Batailles. 1867. . .	1 v. in-12
Total du 5ᵉ étage. . .	32 volumes

Sixième Étage

H. RODRIGUES. — Trois Filles de la Bible. 1867, 4ᵉ édit.	1 v. in-8°
PATERCULUS. — Trad. Desprès. Histoire romaine. 1840	1 v. in-8°
O'REILLY. — Jeanne Darc. 1848	2 v. in-8°
CHASTEL. — Trois Premiers Siècles. 1859	1 v. in-8°
JACOB. — Les Deux Fous. 1830	1 v. in-8°
A. WEILL. — Les Grandes Juives. 1879	1 v. in-12
— La Parole nouvelle. 1866	1 v. in-12
— Lois et Mystères de l'Amour. 1880	1 v. in-12
Alliance israélite. 1861-1882	7 v. in-12
MURGER. — Scènes de campagne. 1856	1 v. in-12
SPIERS. — Prosateurs anglais. 1852	1 v. in-12
ÉTUDES JUIVES. — Annuaire. 1881	1 v. in-12
DUVERT. — Théâtre. 1877	6 v. in-12
MIRON. — Le Christianisme. 1865	3 v. in-12
WALLON. — Trad. par Bonneau-Constantin. 1879	1 v. in-18

A reporter. . . . . . 29 volumes

Report. . . . .   29 volumes

H. Rodrigues. — Trois Filles de la
    Bible. 1867. 3ᵉ édit.. . . . . . .   1 v. in-18
Dante.— Traduct. Lamennais. Divine
    Comédie. . . . .   3 v. in-8°
Rémusat. — Channing. 1861. . . . .   1 v. in-12
Audot. — Les Jardins. 1859. . . . .   1 v. oblong
Morin.— Jésus. 1864. . . . .   1 v. in-18
    — Séparation du Temporel. 1866.   1 v. in-18
Monselet. — Les Femmes. 1865. . .   1 v. in-18

Total du 6ᵉ étage. . .   38 volumes

Septième Étage

Las Cases. — Saint-Hélène. 1824. . .	8 v. in-12
Gradis. — Zeidouna. 1845.	1 v. in-12
Plutarque.—Hommes illustres. Ricard. 1862	4 v. in-12
Balzac.— Physiologie du Mariage. 1838	1 v. in-12
Lamartine. — Graziella. 1867.. . . .	1 v. in-12
J.-J. Rousseau.—Les Confessions. 1866.	1 v. in-12
Roland. — Michel-Ange, poète. 1860.	1 v. in-12
Eugène Sue. — Plick et Plock. 1832. .	1 v. in-18
Philidor. — Jeu des Échecs. Édition Delarue.	1 v. in-18
Lomon. — Théâtre. 1867	1 v. in-12
Charles. — Souvenirs d'un Médecin. 1855	1 v. in-18
Pietro.— Di palo in Franca. 1869. . .	3 v. in-8°
Barthélemy et Méry.—Napoléon. 1828.	2 v. in-8°
Vasari. — Trad. Leclanché. Les Peintres. 1841.	10 v. in-8°
Dante. — Traduct. Lamennais. Divine Comédie. 1855.	3 v. in-8°

Total du 7ᵉ étage . . . 39 volumes

Huitième Étage

Pair de France. — Mémoires. 1829 . . .	4 v. in-8°
Le Sage. — Gil Blas. 1820.	3 v. in-8°
Comédies (Kenilworth, etc.). 1820. . .	1 v. in-8°
Fénelon. — Télémaque illustré . . .	1 v. in-8°
Gourgaud. — Examen de Ségur. . . .	1 v. in-8°
— La Belle Assemblée. Annuaire.	1 v. in-8°
Dumas. — Quatre Femmes. 1856. . .	1 v. in-12
— Romans. 1856.	1 v. in-12
Colin de Plancy. — Anecdotes. 1821. .	2 v. in-8°
Haldat. — Jeanne Darc. 1850. . . .	1 v. in-8°
Perrault. — Contes.	1 v. in-8°
Sauvage. — Proverbes. 1828.	1 v. in-8°
Isaac Lévy. — Sermons. 1874	1 v. in-8°
Huart. — La Famille impériale. 1860.	1 v. in-8°
Th. Leclercq. — Proverbes. 1826 . .	9 v. in-8°
Mme Necker. — Mémoires. 1798 . . .	3 v. in-8°
— Nouveaux. 1861.	2 v. in-8°
J. Janin. — Gaietés champêtres. 1851.	2 v. in-8°

Total du 8ᵉ étage. . . .   36 volumes

Neuvième Étage

Beauchamp. — Biographie des Jeunes Gens. 1818	4 v. in-12
Bible hébraïque, Samuel	1 v. in-12
Fielding. — Toujours. 1778	4 v. in-12
Wailly. — Grammaire. 1807	1 v. in-12
Lacroix. — Géographie. 1773	2 v. in-12
Thiers. — La Propriété. 1848	1 v. in-18
Victor Hugo. — Han d'Islande. 1823	4 v. in-12
Cormon. — Dictionnaire italien. 1858	1 v. in-18
Code civil. L'abbé Gounot. 1835	1 v. in-12
Abrantès. — L'Amirauté de Castille. 1832	2 v. in-12
Renneville. — Beautés du Jeune Age. 1821	1 v. in-12
Cahen. — Tolérance religieuse. 1879	1 v. in-12
Develay. — Odes, Les Impériales. 1855	1 v. in-12
Geoffroy. — Sketch book. 1825	1 v. in-12
H. Rodrigues. — Épreuves	5 v. in-8°

A reporter . . . . . 30 volumes

Report	30 volumes
Rollin. — Histoire ancienne. 1735. .	2 v. in-12
Buffon. — Buffon des écoles. 1802. .	1 v. in-12
Cervantes. — Don Quichotte.	1 v. in-12
Total du 9ᵉ étage . . .	34 volumes

Récapitulation de la Première Bibliothèque

Premier étage.	44 volumes
Deuxième étage	27 —
Troisième étage	32 —
Quatrième étage. . . .	36 —
Cinquième étage. . . .	32 —
Sixième étage.	38 —
Septième étage.. . . .	39 —
Huitième étage.. . . .	36 —
Neuvième étage	34 —
Total de la 1ʳᵉ Bibliothèque.	318 volumes

DEUXIÈME BIBLIOTHÈQUE

Premier Étage

Revue Encyclopédique. — 1830 . . . . 29 v. in-8°

Deuxième Étage

Voltaire. — Édit. Lequien. 1820.
OEuvres complètes : Vie, Théâtre,
Pucelle, Poésies, Henriade, Essais,
Siècles, Charles XII, Histoire de
Russie, Annales parlementaires,
Mélanges. . . . . 70 v. in-8°

Troisième Étage

MICHAUD. — Biographie universelle.
1811-1828 . . . .   52 v. in-8°

Quatrième Étage

H. RODRIGUES. — Œuvres . . . .   11 v. in-8°
— David Rizzio. . . . .   1 v. in-8°
CHAIX D'EST-ANGE. — Plaidoyer Hour-
dequin. . . . .   1 v. in-8°
Empereur JULIEN. — Discours. 1768. .   1 v. in-8°
SAINT CLÉMENT. — Recognitions. 1838 .   1 v. in-8°
ZELLER. — Saint Pierre. 1876. . . . .   1 v. in-8°
H. RODRIGUES. — Société scientifique.
1868 . . . .   1 v. in-8°

A reporter . . . . .   17 volumes

Report.	17 volumes
MILON. — Défense du Talmud devant saint Louis. 1874.	1 v. in-8°
KLEIN. — Le Judaïsme. 1859.	1 v. in-8°
ASTRUC. — Histoire des Juifs. 1869. .	1 v. in-8°
MINUTIUS FELIX. — Trad. Ablancourt. 1663.	1 v. in-8°
SAMSON LÉVY. — Source de Vie. 1845. .	2 v. in-8°
LEBLOIS. — Jésus de Nazareth. 1869. .	1 v. in-8°
HOLLANDERSKI. — Méditations. 1861. .	1 v. in-8°
AUBÉ. — Celse. 1878.	1 v. in-8°
AUCRARD. — France littéraire. 1827. .	3 v. in-8°
BRUNET. — Manuel du Libraire. 1860 .	6 v. in-8°
AL. WEILL. — Cinq Mille Mots. . . .	1 v. in-8°
Total du 4ᵉ étage. . .	36 volumes

Cinquième Étage

H. RODRIGUES. — Saint Paul. 1876 . . 1 v. in-8°
HAVET. — Le Christianisme. 1871 . . 2 v. in-8°
GRAETZ. — Kohelet. 1871. . . . . . 1 v. in-8°
  — Histoire des Juifs. 1882-1887 . 3 v. in-8°
  — Sinaï et Golgotha. 1867. . . . 1 v. in-8°
  — Les Juifs d'Espagne . . . . . 1 v. in-8°
  — Histoire des Juifs. 1800-1870. 13 v. in-8°
  — Die Psalmen. . . . . 1 v. in-16
MUNCK. — Mélanges. 1859 . . . . . 1 v. in-8°
  — La Palestine. 1846. . . . . . 1 v. in-8°
  — Maïmonide. Guide des Égarés.
  1856-1866 . . . . 3 v. in-8°
CHAIX D'EST-ANGE. — Plaidoyers. 1877. 3 v. in-8°
DEUTSCH. — Le Talmud. Trad. Baude-
  nan. 1868 . . . . 1 v. in-8°
MOUROU. — Satires. 1870. . . . . . 1 v. in-18
TIRCHENDORF. — Acta apostolorum,
  Apocryphe. 1851 . . . . 1 v. in-8°
ABRABANEL. — Principe. Trad. Massé.
  1884 . . . . 1 v. in-8°

        Total du 5ᵉ étage . . . 35 volumes

Sixième Étage

LEFÈVRE. — Moralistes anciens. 1850.
    Jésus-Christ, 2 v.; Moïse, 1 v.;
    Socrate, 1 v.; Marc-Aurèle, 2 v.;
    Cicéron, 1 v.; Mahomet, 2 v.; le
    Phédon, 1 v.; Chou-King, 1 v.;
    Confucius, 1 v.; les Grecs (Epic-
    tète), 1 v.; Zoroastre, 1 v.;
    Manou, 1 v.; Platon, 1 v. . . . 17 v. in-18
HELVÉTIUS.— Œuvres complètes. 1795. 14 v. in-18
SPINOZA. — Trad. Saisset. 1844. . . . 2 v. in-12
OSSIAN. — Trad. Christian. 1858. . . 1 v. in-12
BUNGENER. — Concile de Trente. 1854. 2 v. in-12
TIRCHENDORF. — Évangiles apocryphes.
    Trad. par Brunet. 1863. . . . . . 1 v. in-12
WEILL.— L'Isaïe du Faubourg Saint-
    Honoré. 1882. . . . . 1 v. in-12
Socrate. — Par Xénophon et Platon.
    1853. . . . . 1 v. in-12

A reporter. . . . . . 39 volumes

Report	39 volumes
Huet. — Révolution religieuse. 1868.	1 v. in-12
Mahomet. — Le Koran. Trad. Kasi-mirski. 1865.	1 v. in-12
Érasme. — Éloge de la Folie. Trad. Barret. 1789	1 v. in-12
Philon. — Trad. Belliez. 1638. . . .	2 v. in-12
Benjamin Constant. — Adolphe. 1824.	1 v. in-12
Renan. — Jésus. 1864.	1 v. in-18
Schwab. — Histoire des Israélites. 1866	1 v. in-18
Gradis. — Zeidouna. 1845	1 v. in-12
Boileau. — Avec Notes. 1800	2 v. in-18
Lavater. — Gall, par David	1 v. in-18
Gradis. — Polixène. 1881.	1 v. in-18
Bible. — Avec renvois. Londres. . .	1 v. in-18
Total du 6ᵉ étage. . .	53 volumes

Septième Étage

J.-J. Rousseau. — Édit. Lequien. 1826.
   Confessions, 3 v.; Discours, 1 v.;
   Politique, 1 v.; Nouvelle Hé-
   loïse, 2 v.; Émile, 2 v.; Lettres
   de la montagne, 1 v.; Lettres à
   d'Alembert, 1 v.; Mélanges, 1 v.;
   Musique, 3 v.; Dialogues, 1 v.;
   Correspondance, 4 v. . . . . . . 20 v. in-8°
La Bible. — Hébreu en regard. Trad.
   Cahen, Nota de Munck. 1834-1848. 18 v. in-8°

Total du 7ᵉ étage. . . 38 volumes

Huitième Étage

Mavor. — Buffon des Écoles. 1802. .	2 v. in-12
Georges Sand. — Théâtre. 1866 . . .	4 v. in-12
Homère. — Odyssée. Trad. Pessonneaux. 1862.	1 v. in-12
Annuaire du Constitutionnel. 1846-1847.	1 v. in-8°
Delille. — Les Jardins. 1801	1 v. in-8°
Archives curieuses de l'Histoire de France, de Louis XI à Louis XVIII, par Cimber. 1re série. 1834-1837. 13 v.; 2e série, par Darjou et Cimber. 1837-1840. 12 v.	25 v. in-8°
Michelet. — Histoire de France. 1861.	1 v. in-8°
— La Renaissance.	1 v. in-8°
Bibliothèque du Grand Cercle. 1874. .	1 v. in-8°
Homère. — Iliade. Trad. Leconte de Lisle. 1867.	1 v. in-8°

A reporter. . . . . . 38 volumes

Report . . . . .   38 volumes

H. RODRIGUES.— Trois Filles de la Bible.
     1867. . . . .   1 v. in-8°
WEILL. — Guerre des Paysans. 1860 .   1 v. in-8°
SUARD. — Mélanges. 1803. . . . . .   2 v. in-8°

Total du 8ᵉ étage . . .   42 volumes

Neuvième Étage

CAMPE. — Découverte de l'Amérique.
    1804. . . . . 1 v. in-12
Pièces de Théâtre. 1823-1840. . . . 1 v. in-8°
Théâtres étrangers. 1823. . . . . . . 25 v. in-8°
Abbé PRÉVOST. — Mémoires d'un Homme
    de qualité. Manon Lescaut et le
    Chevalier des Grieux. . . . . . . 3 v. in-8°
LA FONTAINE. — Poèmes et Contes. . . 1 v. in-8°

Total du 9ᵉ *étage*. . . 31 volumes

Dixième Étage

TRESSAN. — Amadis des Gaules. 1787 .   12 v. in-8°
HUGO. — Han d'Islande. 1823 . . . .   4 v. in-12
CORMON-MAMNI. — Dictionnaire italien.
    1858. . . . .   1 v. in-8°
Abbé GOUNOT. — Code civil commenté.
    1835. . . . .   1 v. in-12
ÉMILE CAHEN. — Tolérance religieuse. .   1 v. in-12
Histoire ancienne de Rollin. 1737. . .   8 v. in-12
Manuscrits et Épreuves. . . . .   4 v. in-8°

Total du 10ᵉ *étage*. . .   31 volumes

Récapitulation de la Deuxième Bibliothèque

Premier étage.	29	volumes
Deuxième étage	70	—
Troisième étage	52	—
Quatrième étage.	36	—
Cinquième étage.	35	—
Sixième étage	53	—
Septième étage.	38	—
Huitième étage.	42	—
Neuvième étage	31	—
Dixième étage.	31	—

Total de la 2e Bibliothèque.   417 volumes

TROISIÈME BIBLIOTHÈQUE

Premier Étage

Suite de la *Revue moderne* et de la *Revue encyclopédique*. 1830 . . . . . . 11 v. in-8°
Cours des Effets commerçables de la Bourse de Paris, de l'an IV à l'an 1855 . . . . 60 v. in-8°

Total du 1ᵉʳ étage . . . 71 volumes

Deuxième Étage

VOLTAIRE (Suite). — Édit. Lequien. 1823. Mélanges, 1 v.; Politique, 2 v.; Physique, 1 v.; Philosophie, 4 v.; Dialogues, 1 v.; Dictionnaire philosophique, 7 v.; Romans, 2 v.; Facéties, 1 v.; Mélanges, 2 v.; Commentaires de Corneille, 2 v.; Correspondance russe, 3 v.; Russie, 1 v.; D'Alembert, 1 v.

(Continuation de la deuxième Bibliothèque, deuxième étage, page 15.)

Troisième Étage

Michaud (Suite). — Biographie universelle. 1828.

(Continuation de la deuxième Bibliothèque, deuxième étage, page 16.)

Quatrième Étage

Quérard. — France littéraire. Firmin Didot. 1830.	12 v. in-8°
Chaix d'Est-Ange. — 1re Édit. 1862. .	2 v. in-8°
Quérard.—Dictionnaire des Anonymes. 1872.	3 v. in-8°
Quérard. — Supercheries littéraires. 1869.	3 v. in-8°
J. Cohen. — Les Pharisiens. 1877. . .	2 v. in-8°
— Les Déicides. 1864.	1 v. in-8°
— Les Déicides. 1861.	1 v. in-8°
— La Vérité israélite. 1860-1862.	8 v. in-8°

Total du 4ᵉ étage. . . 32 volumes

Cinquième Étage

AD. FRANCK. — Dictionnaire philoso-
phique. 1844. . . . .   6 v. in-8°
GRADIS. — Histoire de Bordeaux. 1882.   1 v. in-8°
MARTIAL. — Trad. Verger-Dubois-Man-
gust. Panckoucke. 1834. . . . .   4 v. in-8°
WOGUE. — Pentateuque. 1860-1869. .   5 v. in-8°
Revue de Théologie. 1867. . . . . . .   1 v. in-8°
NEUBAUER. — Géographie du Talmud.
1868. . . . .   1 v. in-8°
HALÉVY. — Lecture musicale. Escudier.
1857. . . . .   1 v. in-8°
CHRISTIAN. — L'Afrique française. Les
Septantes (Leipzig). 1824. Édi-
tion de M. Munck, donnée par
Mme Munck. . . . .   1 v. in-8°
WOGUE. — Histoire de la Bible. 1881 .   1 v. in-8°
H. RODRIGUES. — Midrachim. 1880. . .   1 v. in-8°
STRAUS. — Vie de Jésus. Trad. Neftzar.   2 v. in-8°

——

A reporter. . . . . .   24 volumes

Report . . . . .   24 volumes

Legouvé. — Souvenirs. 1885-1887 . .   2 v. in-8°

Nicolas. — Symbole des Apôtres. 1867.   1 v. in-8°

Ponsard. — Galilée. 1867. — Dumas,
    Clémenceau. 1866 . . . .   1 v. in-8°

Trenel, Hillel. — Zadoc, l'Esclavage.
    — Rabinowich, Jésus. — Swhab,
    Abrabanel . . . .   1 v. in-8°

A. Weill. — Pentateuque, selon Moïse.
    1885 . . . .   1 v. in-8°

Robespierre. — Discours aux Jacobins.
    1791-An II . . . .   1 v. in-8°

Total du 5ᵉ étage . . .   31 volumes

Sixième Étage

MURGER. — Le Dernier Rendez-vous.
1856 . . . .   1 v. in-18
Rituel espagnol-hébreu. 1552 . . . . .   1 v. in-16
FRANCK. — Philosophie du Droit pénal.
1880 . . . .   1 v. in-18
OROBIO. — Israël vengé. 1845 . . . .   1 v. in-18
BENJADAI. — Défense du Juif. 1856 . .   1 v. in-18
SAMSON LÉVY. — Source de Vie. 1845 .   2 v. in-18
FIGUIER. — Lendemain de la Mort. 1871.   1 v. in-18
EDGAR RODRIGUES. — Un Homme à la
mer. 1882 . . . .   1 v. in-18
CHASTEL. — Six Premiers Siècles. 1865.   1 v. in-18
RONSARD. — Œuvres choisies. 1879 . .   1 v. in-18
LOISELEUR. — Trois Énigmes historiques.
1882 . . . .   1 v. in-18
Histoire de Rabby Jesohna ben Joseph
Jésus Hanootzry, Nazareth, Réper-
toire critique des Sources. 1853 . .   4 v. in-18

A reporter . . . . .   16 volumes

Report	16 volumes
GRADIS. — Jérusalem. 1883	1 v. in-18
EDGAR RODRIGUES. — Carnaval, Volontaires, Casque prussien, Blocus. 1872, 1871, 1874	4 v. in-18
MORIN. — Jésus. 1880.	1 v. in-18
GRADIS. — Zeidouna. 1845	1 v. in-12
STAP. — Origine du Christianisme. 1866	1 v. in-12
SEPT AMATEURS. — Le Sancho Pança. 1856	1 v. in-12
VICTOR FOUCHER. — Le Congrès. 1858.	1 v. in-12
BUNGENER. — Saint Paul. 1867. . . .	1 v. in-18
SOURIS. — Jésus. 1878	1 v. in-18
CAHEN. — Immortalité d'Ame. 1857. .	1 v. in-18
FRANCK. — Philosophie mystique. 1866.	1 v. in-18
SUÉTONE. — Trad. Pessonneaux. 1861.	1 v. in-12
TACITE. — Édit. Nisard. 1845	2 v. in-12
HORACE. — Trad. Patin. 1860	2 v. in-12
HORACE. — Trad. Janin. 1860.	1 v. in-18
LUCIEN. — Trad. Talbot. 1866. . . .	2 v. in-18
ESCHYLE. — Trad. Pierron. 1865. . .	1 v. in-18
DIDEROT. — Choisi, Genin. 1856 . . .	2 v. in-12
D'AUBIGNÉ, GASPARIN, VIGNOT. — Christianisme. 1857.	1 v. in-12
GOZLAN. — Balzac. 1865	1 v. in-12
	——
Total du 6e étage . . .	43 volumes

Septième Étage

Montesquieu. — An IV	5 v. in-8°
Racine. — Aimé Martin. 1820	6 v. in-8°
Boileau. — 1810.	3 v. in-8°
La Bruyère. — 1790	2 v. in-8°
Montaigne. — 1781.	3 v. in-8°
Le Sanhedrin. — 1806.	1 v. in-8°
Sénèque. — Trad. Granges. An III. .	6 v. in-8°
Reine de Navarre. — Contes. 1780 .	3 v. in-8°

Total du 7ᵉ étage. . . . 29 volumes

Huitième Étage

ARTAUD. — Histoire des Papes. 1847. .   8 v. in-8°
MICHAUD. — Printemps proscrit. 1827 .   1 v. in-8°
BALLANCHE. — Antigone. 1819 . . . .   1 v. in-8°
VITET. — Barricades, États de Blois,
    la Mort de Henry III. 1826-1829 .   3 v. in-8°
REUSS. — Théologie chrétienne. 1864 .   2 v. in-8°
VOLNEY. — Voyage en Syrie. 1825 . .   2 v. in-8°
BONNET. — Discours. 1823 . . . . . .   2 v. in-8°
HELVÉTIUS. — De l'Esprit. 1827 . . . .   2 v. in-8°
La Sainte Bible. — Édit. 1805. Genève.   3 v. in-8°
THIERS. — Hist. de la Révolution. 1828.   10 v. in-8°
CAHEN. — Archives israélites. 65-66.   1 v. in-8°

Total du 8ᵉ étage . . .   35 volumes

Neuvième Étage

Manuel des Valeurs. 1854.	1 v. in-8°
Soirées de Neuilly. 1827	2 v. in-8°
Bory de Saint-Vincent. — Dictionnaire d'Histoire naturelle. 1825. . . .	17 v. in-8°
Baron Fain. 1812-1827.	2 v. in-8°
— 1813-1824.	2 v. in-8°
— 1814-1824.	1 v. in-8°
— L'an III. 1828.	1 v. in-8°
Hollanderski. — L'Homme. 1854. . .	1 v. in-8°

Total du 9ᵉ étage. . . 27 volumes

Dixième Étage

Prières des Juifs. 1772, 1773, 1807. .   3 v. in-8°
CONDILLAC. — Cours d'étude. 1776. .   15 v. in-8°
ARIOSTE. — Roland furieux. 1788. —
    TRESSAN, Amadis des Gaules.
    — 1787. Œuvres posthumes. .   9 v. in-8°

    Total du 10e étage. . .   27 volumes

Récapitulation de la Troisième Bibliothèque

Premier étage.	71	volumes
Deuxième étage	»	—
(Suite de Voltaire.)		
Troisième étage	»	—
(Suite de Michaud.)		
Quatrième étage.	32	—
Cinquième étage.	31	—
Sixième étage	43	—
Septième étage.	29	—
Huitième étage.	35	—
Neuvième étage	27	—
Dixième étage.	27	—

Total de la 3ᵉ Bibliothèque.   295 volumes

QUATRIÈME BIBLIOTHÈQUE

Premier Étage

Ruche d'Aquitaine. 1819. . . . .   4 v. in-8°
Pigault-Lebrun. — L'Enfant du Car-
    naval, Baron de Felsheim, Oncle
    Thomas, Cent vingt Jours, Folie
    espagnole, M. Botte, Jérome, Théâ-
    tre, l'Homme à projets, Mornier
    de Roberval, Macédoine, Tableaux
    de Société, l'Égoïsme, Famille Lu-
    cival, Garçon sans souci, Adélaïde
    de Mervan, Le Citateur. 1822. . .   24 v. in-8°
H. Rodrigues.— Trois Filles de la Bible.
Campenon. — L'Enfant prodigue. 1812.   1 v. in-8°

Total du 1ᵉʳ étage. . .   26 volumes

Deuxième Étage

Bacqua. — Codes annotés. 1845. . .	1 v. in-8°
H. Rodrigues.— Justice de Dieu. 1867.	1 v. in-8°
— Saint Paul. 1876.	1 v. in-8°
— Fabliaux. 1880.	1 v. in-8°
— L'Idée israélite. 1868.	1 v. in-8°
— Midraschim. 1880.	1 v. in-8°
— Le Roi des Juifs. 1870. . . .	1 v. in-8°
— La Justice de Dieu. 1869. . .	1 v. in 8°
— Origines du Sermon. 1868. . .	1 v. in 8°
Rabinowich. — Le Talmud. 1880. . .	2 v. in-8°
H. Rodrigues. — Proverbes. 1864. . .	1 v. in-8°
Guettée. — Histoire de l'Église. . . .	1 v. in-8°
Augier. — Forestier, Lions et Renards.	
1868.— Sardou, Séraphine. 1869	1 v. in 8°
Costumes anciens.	1 v. in-4°
Fénelon. — Télémaque illustré. 1840.	1 v. in-4°
Fuquet. — Horace Vernet en Orient.	
1839.	1 v. in-4°

A reporter. . . . . . 17 volumes

Report.	17 volumes
Cahen. — Archives. 1867.	1 v. in-8°
Hacht. — Les Arbres. 1862.	1 v. in-8°
Walsh. — Saint Louis. 1851.	1 v. in-8°
Proust. — Traité d'Hygiène. 1881. .	1 v. in-8°
Magnabal. — Juifs d'Espagne. 1861. .	1 v. in-8°
Plutarque. — Trad. Ricard. 1827. . .	1 v. in-8°
Topfer. — Nouvelles genevoises. 1849.	1 v. in-8°
Manuscrit. — Jésus	1 v. in-4°
Total du 2ᵉ étage. . .	25 volumes

Troisième Étage

Cours littéraire. Baillière. 1866	1 v. in-4°
Baudrillart. — Dictionnaire forestier. 1823	3 v. in-4°
H. Rodrigues. — Paraboles.	1 v. in-4°
— Marie Touchet. 1887	1 v. in-4°
Maimonide.	1 v. in-8°
H. Rodrigues. — Apologues du Talmud. 1884	1 v. in-4°
H. Rodrigues. — David Rizzio. 1877 . .	1 v. in-4°
— Campéador. 1882.	1 v. in-4°
— Devoirs du Mari. 1881	1 v. in-4°
Romieux. — Proverbes romantiques. 1827	1 v. in-8°
Lévy, Judaïsme. — Colani, Jésus. — Steeg, le Messie. — Naudres, Fils de l'Homme. — Ratisbonne, Question juive	1 v. in-8°
V. Hugo. — Les Châtiments. 1871 . .	1 v. in-8°

A reporter . . . . . 14 volumes

Report.	14 volumes
ARISTIPPE.— L'Art du Comédien. 1826.	1 v. in-8°
HAVET.— Fils de Dieu, Darmesteter le Juif.	1 v. in-8°
H. RODRIGUES. — Roi des Juifs, Origines du Sermon, Saint Paul, Conseils.	4 v. in-8°
H. RODRIGUES. — Œuvres complètes (reliure verte)..	17 v. in-8°
Total du 3ᵉ étage. . .	37 volumes

Quatrième Étage

Michel Nicolas. — L'Églantine. . . .	1 v. in-8°
Évangiles apocryphes. 1866.	1 v. in-8°
Weill. — Moïse et le Talmud. 1864. .	1 v. in-8°
Barthélemy-Saint-Hilaire. — Mahomet et le Coran. 1865.	1 v. in-8°
Strabon. — Trad. par Tardieu. 1867. .	3 v. in-12
Michel Nicolas. — Études sur la Bible. 1862.	2 v. in-8°
H. Rodrigues. — Trois Filles de la Bible. 1865.	2 v. in-8°
Peyrat. — Histoire de Jésus. 1864. .	1 v. in-8°
Philipson. — L'Idée religieuse. 1856. .	1 v. in-8°
Second. — Isaïe. 1866.	1 v. in-8°
Cahen. — Les Prophètes. 1835. . . .	3 v. in-8°
Michel Nicolas. — Doctrines juives. 1860	1 v. in-8°
Benamozech. — Morale juive. 1867. .	1 v. in-8°
H. Rodrigues. — Piècettes. 1864. . .	1 v. in-8°
Crouslé. — Lessing. 1863	1 v. in-8°

A reporter. . . . . . 24 volumes

Report. . . . . . 24 volumes

GRAETZ. — Sinaï et Golgotha. 1867 . .   1 v. in-8°

SARCHI.—Grammaire hébraïque. 1828.   1 v. in-8°

MIGNET. — Révolution française. 1827.   2 v. in-8°

PRÉVOST-PARADOL. — France nouvelle.

1868. . . . .   1 v. in-8°

H. MICHALME.--Guerre de 1870. Hébreu   1 v. in-8°

J. JANIN. — Barnave. 1831 . . . . .   4 v. in-12

ÉDOUARD MONNAIS.—Vie d'Artiste. 1844.   2 v. in-8°

VALLON. — Jeanne Darc. 1860 . . . .   2 v. in-8°

GUIZOT. — La Révolution d'Angleterre.

1846 . . . .   2 v. in-8°

Total du 4ᵉ *étage*. . . 37 volumes

Cinquième Étage

Saint-Georges. — L'Espion. 1856. . .   2 v. in-18
Morale en Action. 1828. . . . .   1 v. in-8°
Tallemant des Réaux. 1840. . . . . .   10 v. in-12
Dante. — Trad. Fiorentino. 1840. . .   1 v. in-12
Thucidide. — Trad. Zévort. 1852. . . .   2 v. in-12
Sophocle. — Trad. Artaud. 1845. . .   1 v. in-12
Rouville. — Chute de la République
     romaine. 1870. . . . .   1 v. in-18
Augustin Thierry. — Conquête de
     l'Angleterre. 1851. . . . .   4 v. in-12
Augutin Thierry. — Histoire de France.
     1851. . . . .   1 v. in-12
Augustin Thierry. — Dix ans d'étude. .   1 v. in-12
    — Mérovingiens. . . . .   2 v. in-12
    — Le Tiers État. 1853. . . . . .   2 v. in-12
Brantome. — Vie de l'Auteur, 1 v.;
     Dames illustres, 1 v.; Dames

         A reporter. . . . . .   28 volumes

Report . . . . .   28 volumes

galantes, 2 v.; Hommes illustres, 7 v.; Dis. sur le Duel 1 v.;
Rodomontades, 1 v.; Opus-
cules, 1 v.; Lettres d'André, 1 v.
Édit. 1779 . . . .   15 v. in-12

Total du 5ᵉ étage . . .   43 volumes

Sixième Étage

Coster. — Voyage au Brésil. 1846 . .   2 v. in-8°
Tacite. — Trad. Bletterie. 1799. . . .   7 v. in-8°
Thiers. — Histoire du Consulat et de
l'Empire. 1845-1862. . . . . . .   20 v. in-8°

Total du 6ᵉ étage . . .   29 volumes

Septième Étage

LLORENTE. — Histoire de l'Inquisition
    d'Espagne. 1818 . . . .   4 v. in-8°
LAMARTINE. — Histoire d'Alexandre.
    1859 . . . .   2 v. in-8°
HORTAIS. — La Jeunesse . . . .   1 v. in-8°
GUY. — Histoire de Napoléon III. 1852.   1 v. in-8°
ABOUT. — Le Progrès. 1864 . . . . .   1 v. in-8°
H. RODRIGUES. — Trois Filles de la Bible.
    1867 . . . .   1 v. in-12
BALZAC. — Scènes de la Vie privée. 1858.   4 v. in-8°
    — Scènes de la Vie parisienne.
    1855 . . . .
MERIVAL. — Histoire des Romains. 1865.   3 v. in-8°
MELVILLE. — Les Gladiateurs. Trad.
    Derome. 1864 . . . .
DELACODRE. — Les Desseins de Dieu.
    1866 . . . .   1 v. in-8°
VERNES. — Histoire des Idées messia-
    niques. 1874 . . . .   1 v. in-8°

        A reporter . . . . . .   19 volumes

Report . . . . .   19 volumes

PHILIPSON. — Bible. 1863 . . . . . .   1 v. in-8°
BLOCH. — Méditations bibliques. 1860.   1 v. in-8°
GONE. — Les Bêtes parlantes. 1828. .   1 v. in-8°
MATHIEU. — Flore forestière. 1860 . . .   1 v. in-8°
BLOCH. — Foi d'Israël. 1859 . . . . .   1 v. in-8°
ABOUT. — Question romaine. 1859. .   1 v. in-8°
REYNAUD. — L'Esprit de la Gaule. 1866.   1 v. in-8°
TASSO. — Gerusalemme liberata. 1792.   2 v. in-8°
CRÉHANGE. — Les Psaumes. 1858. . .   1 v. in-8°
MORIN. — Fantaisies théologiques. 1872   1 v. in-8°
H. RODRIGUES. — Midrachim. 1880. . .   1 v. in-8°
J. JANIN. — Religieuse de Toulouse.   2 v. in-8₀
LA FONTAINE. — Contes. . . . . . .   1 v. in-8°

Total du 7ᵉ *étage* . . .   34 volumes

Huitième Étage

BARANTE. — Ducs de Bourgogne. 1826.   13 v. in-8°
Livre de Beauté, Keepsake. 1834. . . .   1 v. in-8°
WALTER SCOTT. — La Saint-Valentin.
   1831.. . . . .   1 v. in-8°
SAUGER. — Du Louage. 1860. . . . .   1 v. in-8°
VALERY. — Voyage en Italie. 1838. . .   3 v. in-8°
Le Dessein. 1864.. . . . .   1 v. in-8°
Pièces de Théâtre. 1826.. . . . . . .   1 v. in-8°

Total du 8ᵉ étage. . . .   21 volumes

Neuvième Étage

MENTELLE. — Géographie. 1804. . . .   4 v. in-8°
LAMARTINE. — Histoire de César. 1856 .   1 v. in-8°
O'MEARA. — Napoléon à Saint-Hélène.
        1822. . . . .   2 v. in-8°
PLUTARQUE. — Clavier. 1803. . . . . .   1 v. in-8°
ÉPIPHANE.— Édit. Oehler. 1851. . . .   1 v. in-8°
DELILE. — Les Jardins. 1801. . . . . .   1 v. in-8°

Total du 9ᵉ étage. . .   10 volumes

Dixième Étage

Livres de classe . . . .   74 volumes

Récapitulation de la Quatrième Bibliothèque

Premier étage.	26	volumes
Deuxième étage	25	—
Troisième étage	37	—
Quatrième étage.	37	—
Cinquième étage.	43	—
Sixième étage.	29	—
Septième étage..	34	—
Huitième étage..	21	—
Neuvième étage	10	—
Dixième étage.	74	—

Total de la 4ᵉ Bibliothèque.   336 volumes

CINQUIÈME BIBLIOTHÈQUE

Premier Étage

H. Rodrigues.— Conseils. 1888	9 v. in-4°
— Charles IX (épreuves). 1888 . .	4 v. in-4°
Mᵐᵉ Ac. Comte. — Sagesse et bon Cœur.	1 v. in-8°
Compte des Finances de 1843 et 1844.	2 v. in-4°
Musée des Familles. 1838	1 v. in-4°
Magasin des Enfants. 1847	1 v. in-4°
Magasin pittoresque. 1848	1 v. in-4°
Keepsake des Jeunes Personnes	1 v. in-8°
Journal des Débats. 3 mois (1823) . . .	1 v. in-f°
Dictionnaire Latin, Conseils, Kann,	
Dires, Épreuves	1 v. in-f°
Ouvertures	1 v. in-f°

A reporter . . . . . 23 volumes

Report.	23 volumes
Biographie H. Rodrigues. 1865.	1 v. in-f°
Dictionnaire Larousse (Supplément). .	1 v. in-4°
Jules Guérin. — Rapport. 1848.	1 v. in-f°
J. Janin. — Jardin des Plantes. . . .	1 v. in-f°
Glaeser. — Biographie des Contemporains. 1878.	1 v. in-f°
H. Rodrigues. — Marie Touchet (épreuves). 1887	1 v. in-f°
Dumas. — Monte Cristo. 1846.	1 v. in-f°
— La Reine Margot.	1 v. in-f°
Eugène Sue illustré.	1 v. in-f°
— Sept Péchés capitaux.	1 v. in-f°
Total du 1ᵉʳ *étage*. . .	33 volumes

Deuxième Étage

Émaux de Petitot. 1864.	2 v. in-f°
RACINE. — Édit. du Dauphin. 1783 . .	3 v. in-f°
LA FONTAINE, illustré par Granville. 1852.	1 v. in-8°
LEGOUVÉ et C. — Italie pittoresque. 1834.	1 v. in-f°
Photographies.	1 v. in-f°
VIELLEVILLE, DE CASTELNEAU, DE MERGEY, DE DELANOUE. — Mémoires, édit. Michaud. 1881.	1 v. in-8°
COOPER illustré.	3 v. in-f°
LACHATRE. — Dictionnaire illustré. . .	2 v. in-f°
CERVANTES. — Don Quichotte. Trad. Johan. 1836.	2 v. in-8°
BOSSUET. — Discours. 1847	1 v. in-8°
Trésor, Autographe	1 v. in-4°

Total du 2ᵉ étage. . . 18 volumes

Troisième Étage

Grande Encyclopédie. . . . .   1 v. in-f°
Dictionnaire Larousse de 1866. . . .   16 v. in-4°
H. RODRIGUES. — David Rizzio. 1877..   1 v. in-8°

Total du 3ᵉ *étage*. . .   18 volumes

Quatrième Étage

H. RODRIGUES.— Trois Filles de la Bible.	2 v. in-8°
MOLL. — Encyclopédie d'Agriculture. 1864	13 v. in-8°
H. RODRIGUES. — Origines du Sermon.	1 v. in-8°
PONSARD, le Lion amoureux. — AUGIER, la Contagion. — BOUILHET, la Conjuration d'Amboise. 1866 . .	1 v. in-8°
FRANCK. — Réformateurs. 1881	1 v. in-8°
RANKE.— XVIᵉ et XVIIᵉ Siècle. 1854 . .	4 v. in-8°
Brochures juives. 1865-1870	1 v. in-8°
LA ROCHEFOUCAULD. — Maximes. 1827.	1 v. in-8°
SIMON RICHARD. — Critique du Vieux Testament. 1780	1 v. in-8°
QUATREMÈRE DE QUINCY. — Raphaël. 1835	2 v. in-8°
TERNAUX.—Histoire de la Terreur. 1865	6 v. in-8°

Total du 4ᵉ étage . . . 33 volumes

Cinquième Étage

Tasse. — Jérusalem délivrée. Trad.
Lechat. 1863 . . . .   3 v. in-8°
H. Rodrigues. — Œuvres complètes.
1864-1888 . . . .   19 v. in-8°
Scribe. — Œuvres complètes. 1840-
1854 . . . .   17 v. in-8°

Total du 5ᵉ étage. . .   39 volumes

Sixième Étage

Léon Renier. — Encyclopédie moderne.
1852 . . . .   30 v. in-8°

Septième Étage

CHATEAUBRIAND. — Œuvres complètes :
Essais sur les Révolutions, 2 v.;
Mélanges historiques, 1 v.; Dis-
cours historiques, 5 v.; Voyage en
Amérique, 2 v.; Itinéraire, 3 v.;
Génie du Christianisme, 5 v.;
Atala, René, 1 v.; les Martyrs, 3 v.;
Mélanges, 4 v.; Discours et Polé-
miques, 2 v.; les Natchez, 2 v.; Li-
berté des Princes, 1 v.; Table, 1 v.
1827. — Ladvocat. 1828 . . . . .   32 v. in-8°

Récapitulation de la Cinquième Bibliothèque

Premier étage. . . . . . . 33 volumes
Deuxième étage . . . . . 18 —
Troisième étage . . . . . 18 —
Quatrième étage. . . . . 33 —
Cinquième étage. . . . . 39 —
Sixième étage. . . . . . 30 —
Septième étage. . . . . . 32 —

Total de la 4ᵉ Bibliothèque. 203 volumes

SIXIÈME BIBLIOTHÈQUE

Premier Étage

Réimpression de l'ancien *Moniteur* de
   mai 1789, Réunion des États géné-
   raux de novembre 1799, Consulat,
   1840-1845. . . . . 31 v. in-8°
H. RODRIGUES. — Apologues. . . . . 2 v. in-f°
PERRAULT. — Hommes illustres. 1696 . 1 v. in-f°

       Total du 1ᵉʳ étage. . . 34 volumes

Deuxième Étage

Molière. — Didot. 1791	6 v. in-8°
— Hetzel, illustré	1 v. in-8°
— Paulin, Tony Johanot. 1835 .	2 v. in-8°
— Lefèvre. 1824	8 v. in-8°
Corneille. — Genève. 1774	8 v. in-4°
Gravures	1 v. in-4°
H. Rodrigues. — Apologues (paroles, musique)	2 v. in-f°
Total du 2ᵉ étage . . .	28 volumes

Troisième Étage

H. RODRIGUES. — Collection complète
    des Manuscrits. 1863-1889 . . .   32 v. in-4°
Trois Filles de la Bible. 1863. 4 v. in-4°
Origines du Sermon de la
    Montagne. 1866. . . . 1 v. in-4°
Justice de Dieu . . . . . . 2 v. in-4°
L'Idée israélite. 1868 . . . 1 v. in-4°
Le Roi des Juifs. 1869 . . . 2 v. in-4°
Saint Pierre. 1870. . . . . 3 v. in-4°
Saint Paul. 1874 . . . . . 3 v. in-4°
David Rizzio . . . . 3 v. in-4°
Fabliaux du Talmud. . . . 1 v. in-4°
(Les douze volumes qui suivent se trouvent au troisième
étage de la septième Bibliothèque.)
Gravures de l'Histoire de la Révolution.   1 v. in-4°

    Total du 3ᵉ étage. . .   33 volumes

Quatrième Etage

Le Maout botanique	1 v. in-8°
HOMÈRE.—L'Iliade. Trad. Bareste. 1843.	1 v. in-8°
Français sous Louis XIV	1 v. in-8°
JOSEPH HACOHEN.— La Vallée des Pleurs.	
1575. Trad. par Julien Sée. 1881.	1 v. in-8°
A. WEILL. — Pentateuque. 1885 . . .	2 v. in-8°
BRANICKI. — Porte de la Pénitence. 1879.	1 v. in-8°
PICTET. — Culte des Cabires. 1824. .	1 v. in-8°
HILGENFELD. — L'Apocalypse. 1857 . .	1 v. in-8°
ÉPIPHANE. — Édit. Œhler. 1861 . . .	3 v. in-8°
LANGEN. — Palestine du Christ. 1866 .	1 v. in-8°
CORPORIS.— Œhler. 1866.	1 v. in-8°
Moralistes (Moïse). 1850	1 v. in-32
H. RODRIGUES. — Œuvres détachées .	21 v. in-8°

Total du 4ᵉ étage . . . 36 volumes

Cinquième Étage

Salvador.—Domination romaine. 1847.	2 v. in-8°
— Jésus-Christ. 1864.	2 v. in-8°
Franck. — La Kabbele. 1843	1 v. in-8°
— Philosophie et Religion. 1867 .	1 v. in-8°
— Moralistes. 1872.	1 v. in-8°
— Réformateurs. 1864	1 v. in-8°
H. Rodrigues. — Contes divers, Histo-	
riettes.	4 v. in-8°
Henri IV.— Lettres d'Amour. 1876. .	1 v. in-8°
— Lettres d'Amour.	1 v. in-18
Graetz. — Sinaï. 1867	1 v. in-8°
Falcioni. — Christianisme. 1879. . .	1 v. in-8°
Quinet. — Merlin. 1860	2 v. in-8°
Derembour. — Palestine. 1867	1 v. in-8°
Sauteyra et Charleville. — Code hébreu.	
1868	1 v. in-8°
Zeller. — Apostelger christen. 1854 .	1 v. in-8°

A reporter . . . . . 21 volumes

Report. . . . .   21 volumes

H. Rodrigues. — Midrachim. Roi des
   Juifs (épreuves). . . . .   4 v. in-8°
Strauss et Littré. — Jésus. 1864. . .   2 v. in-8°
Salvador. — Moïse. 1862. . . . . .   2 v. in-8°
Belèze. — Dictionnaire des Noms.
   1863 . . . .   1 v. in-8°
Barthélemy-Saint-Hilaire. — Mahomet.
   1865 . . . .   1 v. in-8°
Béranger. — Dernières Chansons. 1857.   1 v. in-8°
Reuss. — Nouveau Testament. 1874 .   1 v. in-8°
Yung. — Cours littéraire. 1867 . . .   1 v. in-8°

Total du 5ᵉ étage. . .   34 volumes

Sixième Étage

Histoire des Papes. 1843.	9 v. in-8°
MILLEVOYE complet. 1822	4 v. in-8°
GRÉGOIRE. — Histoire des Sectes. 1828.	4 v. in-8°
LAMARTINE.— Œuvres. 1832.	4 v. in-8°
ALEXANDRE DUVAL complet. 1822. . . .	9 v. in-8°

Total du 6ᵉ étage. . . 30 volumes

Septième Étage

CARTERON.— Complément encyclopédique moderne. 1857	12 v. in-8°
VOLTAIRE. — Suite de la Correspondance.	16 v. in-8°
H. RODRIGUES. — Trois Filles de la Bible. 1865.	2 v. in-8°

Total du 7ᵉ étage. . . 30 volumes

Récapitulation de la Sixième Bibliothèque

Premier étage.	34 volumes
Deuxième étage	28 —
Troisième étage	33 —
Quatrième étage.	36 —
Cinquième étage.	34 —
Sixième étage	30 —
Septième étage	30 —

Total de la 6ᵉ Bibliothèque. 225 volumes

SEPTIÈME BIBLIOTHÈQUE

Premier Étage

DETILLEMONT. — Histoire ecclésiastique
  (Six premiers Siècles). 1694. . . . 16 v. in-4°
H. RODRIGUES. — Historiettes (paroles
  et musique). . . . . 1 v. in-f°

Total du 1ᵉʳ étage. . . . 17 volumes

Deuxième Étage

CHARTON. — Tour du Monde. 1861 . .	2 v. in-4°
HAAG. — Dogmes chrétiens. 1862 . .	2 v. in-8°
— Théologie biblique. 1870. . .	1 v. in-8°
SHUL. — Sentences du Talmud. 1878.	1 v. in-8°
BUCHON. — L'Église chrétienne. 1837.	2 v. in-8°
MIGNE. — Dictionnaire des Apocryphes. 1836	2 v. in-8°
ACADÉMIE. — Dictionnaire des Beaux-Arts. 1858	2 v. in-8°
Études juives. 1880	1 v. in-8°
SCHWAB. — Talmud de Babylone. 1871.	1 v. in-8°
— Talmud de Jérusalem. 1879-1888	10 v. in-8°
RABBI SIMÉON. — Yalcout. 1876-1877.	3 v. in-4°
CICÉRON. — Trad. par Nisard. 1864. .	1 v. in-8°
Enquête parlementaire. 1872	1 v. in-4°
H. RODRIGUES. — David Rizzio (paroles et musique). 1877.	1 v. in-8°
H. RODRIGUES. — Théâtre imaginaire. 1889	1 v. in-8°
H. RODRIGUES. — Charles IX, 2ᵉ édit. 1889	1 v. in-8°

Total du 2ᵉ étage . . . 32 volumes

Troisième Étage

Bible. Trad. Lemaistre de Sacy, tables
    d'Antoine Vitré. Anvers. 1757. .   2 v. in-f°
H. Rodrigues. — Suite des Manuscrits
    primitifs[1] : Peur du Bruit, Idées de
    Femmes, Historiettes, Apologues,
    Contes parisiens, Contes philoso-
    phiques, l'Obsession, Marie Tou-
    chet, Charles IX, Bardesanne,
    Crise, Société scientifique (12 v.).
Larousse (suite)[2]. . . . .   3 v. in-4°
Littré.— Diction^re de la Langue. 1863   4 v. in-4°
H. Rodrigues. — Historiettes et Apo-
    logues. . . . .   2 v. in-f°
H. Rodrigues. — David Rizzio. . . .   1 v. in-8°
Bible. Trad. Charles Lecène. Amster-
    dam. 1741 . . . .   1 v. in-f°
H. Rodrigues. — Charles IX . . . . .   1 v. in-8°
   — Charles IX (errata) . . . . .   1 v. in-8°

        Total du 3ᵉ étage. . .   15 volumes

1. Les vingt premiers volumes sont placés au troisième étage de la
sixième Bibliothèque.
2. Voir la cinquième Bibliothèque, troisième étage, page 58.

Quatrième Étage

GENOUDE. — Pères de l'Église : Sul-
pice-Sévère, 2 v.; Justin, 1 v.; Iré-
née, 1 v.; Saint Clément, 2 v.;
Ignace, 1 v.; Saint Cyprien, 1 v.;
Tertullien, 2 v.; Origène, 1 v. 1841.   11 v. in-8°

LICHTENBERGER. — Encyclopédie des
Sciences religieuses. 1877-1882.   12 v. in-8°

SANDER et TRENEL. — Dictionnaire
hébreu-français. 1859 . . . . . .   1 v. in-8°

H. RODRIGUES. — Midrachim . . . . .   1 v. in-8°

BÉRENGER. — Gravures . . . .   1 v. in-8°

Total du 4ᵉ étage. . .   26 volumes

Cinquième Étage

Duhamel-Dumonceau. — Traité des Arbres. 1755	2 v. in-4°
Lemaistre de Sacy. — Bible. 1730 . . .	2 v. in-4°
Goethe. — Werther illustré. 1845 . .	1 v. in-8°
D'Alberti. — Dictionnaire italien. 1811	1 v. in-4°
De Chiniac. — Histoire des Celtes. 1771.	2 v. in-4°
Théâtre moderne. 1845	1 v. in-8°
Victor Hugo. — Odes. 1829	2 v. in-8°
Code Napoléon. — Édition originale. 1807	1 v. in-4°
Victor Hugo. — Cromwel. 1828 . . .	1 v. in-8°
Barthélemy. — Anacharsis. 1827. . .	1 v. in-8°
Dumas et Vacquerie. — Ami des femmes, Villemer, Jean Baudry. 1863 . .	1 v. in-8°
Robert Sweet. — Flower Garden. 1823-1825	7 v. in-8°

Total du 5ᵉ étage . . . 22 volumes

Sixième Étage

Théâtre moderne. 1845.	5 v. in-8°
CAHEN. — Isaïe (Quatrième volume des Prophètes). 1833	1 v. in-8°
MICHAUD[1]. — Suite de la Biographie universelle.	
Errata des Apologues	1 v. in-4°
VICTOR HUGO. — Feuilles d'Automne. 1831	1 v. in-8°
VICTOR HUGO. — Notre-Dame de Paris. 1831.	2 v. in-8°
VICTOR HUGO. — Hernani. 1830 . . .	1 v. in-8°
— Le Roy s'amuse. 1832	1 v. in-8°
— Marie Tudor, Angelo. 1836 . .	1 v. in-8°
— Les Orientales. 1829	1 v. in-8°
— Chants du Crépuscule. 1835 . .	1 v. in-8°

A reporter . . . . . 15 volumes

---

1. Voir la deuxième Bibliothèque, deuxième étage, page 16 et la troisième Bibliothèque, troisième étage, page 29.

Report	15 volumes
Victor Hugo.—Voix intérieures. 1837.	1 v. in-8°
— Dernier jour d'un Condamné. 1832	1 v. in-8°
Thomas Moore. — Amour des Anges. 1823	1 v. in-8°
Total du 6ᵉ étage . . .	18 volumes

Septième Étage

Bible. — De Sacy-Nisme. 1783 . . .	24 v. in-8°
De Vence. — Atlas de la Bible. 1820 .	1 v. in-f°
Total du 7ᵉ étage . . .	25 volumes

Récapitulation de la Septième Bibliothèque

Premier étage.	17 volumes
Deuxième étage.	32 —
Troisième étage.	15 —
Quatrième étage. . . .	26 —
Cinquième étage. . . .	22 —
Sixième étage.	18 —
Septième étage	25 —
Total de la 7ᵉ Bibliothèque.	155 volumes

HUITIÈME BIBLIOTHÈQUE

Premier Étage

Le Talmud (en hébreu), non expurgé.
  Amsterdam. 1644-1647 . . . .   15 v. in-4°
David Rizzio (épreuves, paroles et mu-
  sique.). . . . .   1 v. in-8°
Bibliophile Jacob.—Histoire de France.
  1853 . . . .   1 v. in-4°
Fauvety. — La Solidarité. 1868 . . .   2 v. in-8°
Cortambert. — Atlas. . . . .   1 v. in-8°
H. Rodrigues. — L'Avocat. . . . . .   1 v. in-8°
  — Charles IX. . . . .   1 v. in-8°
Académie. — Dictionnaire. 1786 . . .   2 v. in-4°
H. Rodrigues. — Historiettes . . . .   2 v. in-f°

Total du 1er *étage* . . .   26 volumes

Deuxième Étage

GOETHE. — Faust, illustré par Tony
Johannot. Trad. par Blaze. 1847.   1 v. in-8°
ACADÉMIE. — Dictionnaire. 1878. . .   2 v. in-4°
CHARLES NODIER. — Contes. 1846 , . .   1 v. in-8°
LESAGE. — Gil Blas, illustré par Giroux.
1838 . . . .   1 v. in-8°
GOLDSMITH. — Le Vicaire de Wakefield.
Trad. par Charles Nodier. 1844 .   1 v. in-8°
FLAVIUS JOSÈPHE. — Œuvres complètes.
Trad. Buchon. 1858. . . . . . .   1 v. in-8°
LA BRUYÈRE. — Caractères. 1845. . .   1 v. in-8°
La Pandore, 3 mois (1823). . . . .   1 v. in-f°
SOCRATE, Histoire de l'Église. 1675. —
EUSÈBE, Histoire de l'Église. 1675.
— SOZOMÈNE, Histoire de l'Église.
1676. — THÉODORET et EVAGRE, His-
toire de l'Église. 1676. Trad. par
Cousin. . . . .   4 v. in-4°

A reporter. . . . .   13 volumes

Report . . . . .   13 volumes

Franck. — Dictionnaire philosophique.
1875 . . . .   1 v. in-4°
Elisée Reclus. — Europe. 1878 . . .   4 v. in-4°
Delamarche. — Atlas. 1851 . . . . . .   1 v. in-f°
J.-J. Rousseau. — Nouvelle Héloïse
illustrée. 1845 . . . .   1 v. in-8°

Total du 2ᵉ *étage* . . .   20 volumes

Troisième Étage

BERNARD PICARD. — Cérémonies reli-
gieuses de tous pays. 1739 . . .   12 v. in-f°
JUSTIN. — Triomphe de Judas. 1722 .   1 v. in-f°
BAYLE. — Dictionnaire. 1720 . . . .   4 v. in-f°
PHILON. — Trad. Belier. 1575 . . . .   1 v. in-f°
Enquête sur le 18 mars. 1872. . . .   1 v. in-f°
RICHARD SIMON. — Le Nouveau Testa-
ment. 1689. . . . .   1 v. in-4°
HENRY WHITE. — Le Massacre de la
Saint-Barthélemy. Trad. Alfred
Maury. . . . .   1 v. in-4°
H. RODRIGUES.— Ouverture, orchestrée
par Bizet. . . . .   1 v. in-4°
H. RODRIGUES.— Prélude et Ouverture,
orchestrés par Constantin. . . .   1 v. oblong
H. RODRIGUES. — L'Insomnie. . . . .   1 v. in-8°
   — David Rizzio . . . .   1 v. in-8°
   — Apologues . . . .   4 v. in-f°

A reporter. . . . .   29 volumes

Report	29 volumes
GRADIS. — La Famille Gradis	1 v. in-8°
ZELLER. — Charles IX	1 v. in-18
BUXTORF. — Le Talmud, Florilegium, Hebraicum, Basileæ. 1649 . . .	1 v. in-12
Total du 3ᵉ étage . . .	32 volumes

Quatrième Étage

SHAKSPEARE. — Trad. par François-Victor Hugo. 1865 . . . .   18 v. in-8°
MATTER. — L'Église chrétienne. 1829.   1 v. in-8°
RENAN. — Vie de Jésus. 1863 . . . .   1 v. in-8°
— Vie de Jésus. 1867 . . . . . .   1 v. in-8°
— Les Apôtres. 1866. . . . . . .   1 v. in-8°
— Saint Paul. 1869 . . . .   1 v. in-8°
— L'Antéchrist. 1873 . . . . . .   1 v. in-8°
— Les Évangiles. 1877 . . . . . .   1 v. in-8°
— L'Église chrétienne. 1879. . .   1 v. in-8°
— Marc-Aurèle. 1882 . . . . . .   1 v. in-8°
— Questions contemporaines. 1868   1 v. in-8°
— Dialogues philosophiques. 1876.   1 v. in-8°
— Histoire religieuse. 1858 . . .   1 v. in-8°
— Histoire religieuse. 1862 . . .   1 v. in-8°
— Cantique des Cantiques. 1861 .   1 v. in-8°
— Histoire religieuse. 1863 . . .   1 v. in-8°

Total du 4ᵉ étage. . .   33 volumes

Cinquième Étage

Dictionnaire de la Conversation. 1865.   16 v. in-4°
BAILLY et BIXIO. — Maison rustique . .   4 v. in-8°
PIZZETTA. — Dictionnaire d'Histoire
    naturelle. . . . .   1 v. in-8°
DUHAMEL-DUMONCEAU. — Les Arbres.
    1780 . . . .   1 v. in-4°
Atlas du Jeune Anacharsis . . . . .   1 v. in-4°

        Total du 5ᵉ étage. . . .   23 volumes

Sixième Étage

BYRON. — Trad. par Laroche. 1837. .	4 v. in-8°
LAMARTINE. — Les Girondins. 1867 . .	8 v. in-8°
— Histoire de la Restauration. 1851	8 v. in-8°
VILLEMAIN. — Souvenirs. 1855. . . .	3 v. in-8°
H. RODRIGUES. — Trois Filles de la Bible.	3 v. in-8°
Total du 6ᵉ étage. . .	26 volumes

Septième Étage

Cours de la Bourse (suite)[1].	
Album.	1 v. oblong
ZELLER BAUER. — Notes manuscrites. .	1 v. oblong
Total du 7ᵉ étage. . .	2 volumes

1. Voir la troisième Bibliothèque, premier étage, page 27.

Récapitulation de la Huitième Bibliothèque

Premier étage. . . . . .   26 volumes
Deuxième étage   20   —
Troisième étage   32   —
Quatrième étage.   33   —
Cinquième étage.   23   —
Sixième étage   26   —
Septième étage   2   —

Total de la 8ᵉ Bibliothèque.   162 volumes

NEUVIÈME BIBLIOTHÈQUE

Premier Étage

H. Rodrigues. — Trois Filles de la
  Bible, 1ʳᵉ édit. 1865 . . . .   14 v. in-8°
J.-J. Rousseau.— Œuvres mêlées. 1776   7 v. in-4°
Musée des Familles. 1847-1848 . . .   2 v. in-8°
H. Rodrigues. — David Rizzio. 1872.   1 v. in-8°
Zola. — L'Assommoir illustré. . . .   1 v. in-8°
Spiers. — Dictionnaire anglais. 1850.   1 v. in-8°
H. Rodrigues. — Éphéméride de fa-
  mille.. . . . .   1 v. in-4°
Denon. — Voyage en Sicile. 1788. .   1 v. in-8°

Total du 1ᵉʳ *étage.* . . .   28 volumes

Deuxième Étage

DE VENCE. — Bible. 1827	28 v.	in-8°
GRAETZ. — Juifs d'Espagne.	1 v.	in-8°
— Sinaï	1 v.	in-8°
H. RODRIGUES. — Saint Pierre. . . .	1 v.	in-8°
MICHELET. — Histoire moderne. 1850 .	1 v.	in-8°

Total du 2e étage . . . 32 volumes

Troisième Étage

LAMARTINE. — Histoire des Constituantes.
1855 . . . .   4 v. in-8°
VICTOR HUGO. — Légende des Siècles.
1859 . . . .   2 v. in-8°
MONTAIGNE. — Essais. 1836 . . . . .   2 v. in-8°
PASTORET. — Moïse. 1788 . . . . . .   1 v. in-8°
SCHWEGLER. — Moïse. 1846 . . . . .   2 v. in-8°
AL. WEILL. — Nouveau Sinaï . . . . .   1 v. in-18
   — Ludovic Boerne. 1878 . . . .   1 v. in-32
SALLUSTE. — Trad. par Develay. 1865.   1 v. in-32
THÉOGNIS. — Sentences. Trad. par Laver-
gne. 1783 . . . .   1 v. in-32
Annuaire de 1826 . . . .   1 v. in-18
LEGOUVÉ. — Soixante ans. 1er v. 1886 .   1 v. in-8°
   —   —   2e v. 1888 .   1 v. in-8°
D'ECHTALL. — Les Évangiles. 1863 . .   2 v. in-8°
LE TASSE. — Trad. par La Madelaine,
illustré. 1844 . . . .   1 v. in-8°

A reporter . . . . .   21 volumes

Report. . . . .   21 volumes

MICHEL WEILL. — Le Judaïsme. 1866.   3 v. in-8°
BENJAMIN GRADIS. — Politique. 1858. .   1 v. in-8°
HENRY GRADIS. — Histoire de 1848. 1872   2 v. in-8°
DELAUNAY. — Psaumes de David. 1866.   1 v. in-8°
H. RODRIGUES. — Œuvres. . : . . .   14 v. in-8°
DES CHAPELLES. — Traité du Whist . .   1 v. in-8°

Total du 3ᵉ *étage*. . .   43 volumes

Quatrième Étage

GARNIER-PAGÈS.—Histoire de 1848. 1861   1 v. in-8°
GUIZOT. — Mémoires. 1867 . . . . .   8 v. in-8°
GARNIER-PAGÈS. — Provisoire. 1862 . .   6 v. in-8°
Orphelinat de la Seine. 1872 . . . .   1 v. in-8°
L'Image. 1847 . . . .   1 v. in-8°
LAMARTINE. — Le Civilisateur. 1852 . .   1 v. in-8°
DEMERVILLE. — Les Enfants célèbres.
   1844 . . . .   1 v. in-8°
MOSSÉ.— Élévation. 1867. . . . . .   1 v. in-8°
BORNIER. — Fille de Roland. 1875 . .   1 v. in-8°
DELAVIGNE. — Théâtre. 1833. . . . .   5 v. in-8°
RIAILLE, l'Anti-Liban. — STEEG, Bro-
   chure juive. 1868 . . . .   1 v. in-8°
MEILHAC-HALÉVY. — Froufrou. 1870 . .   1 v. in-8°
AL. WEILL.—L'Athéisme. 1878. Vérités
   absolues. 1877 . . . .   1 v. in-8°
MALVESINE. — Histoire des Juifs à Bor-
   deaux. 1875 . . . .   1 v. in-8°
MOSSÉ. — Famille de Jacob. 1867 . .   1 v. in-8°

A reporter . . . . .   31 volumes

Report.	31 volumes
CHATEAUBRIAND. — Paradis perdu. 1860.	1 v. in-8°
RACINE. — Œuvres. 1865.	2 v. in-8°
MACAULAY. — Jacques II. Trad. par Peyronnet. 1853	2 v. in-8°
MIRBEL. — Botanique. 1815	2 v. in-8°
AUGIER. — Giboyer, Guérin. 1863-1865.	1 v. in-8°
H. RODRIGUES. — Saint Pierre, Trois Filles de la Bible	3 v. in-8°
Total du 4ᵉ étage. . .	42 volumes

Cinquième Étage

BÆDEKER. — Italie, Manuel de Voyage.
1861 . . . .   1 v. in-12
GUÉRIN. — Fontaine de Vaucluse. 1804.   1 v. in-18
DUMAS FILS. — L'Homme-femme. 1872.   1 v. in-18
GÉRARD DE NERVAL. — Bohême galante.
. 1855 . . . .   1 v. in-18
CHARLES DE BERNARD. — Homme sérieux.
1856 . . . .   1 v. in-12
Pau. — Séjour. 1863. . . . .   1 v. in-12
CHARLES DIDIER. — La Mecque. 1857. .   1 v. in-12
DELÉCLUSE. — Louis David. 1855. . .   1 v. in-12
DESBORDES-VALMORE. — Poésies. 1830 .   1 v. in-12
LEGOUVÉ. — Morts bizarres. 1829. . .   1 v. in-12
DURUY. — Géographie historique. . .   1 v. in-18
MOLIERANA. — Malesherbianas. 1801. .   1 v. in-18
ANDRIEUX. — Œuvres. 1822. . . . .   5 v. in-18
PAUL-LOUIS COURRIER. — Œuvres. 1865.   3 v. in-18
BUFFON. — Discours. 1829 . . . . .   1 v. in-18
                                    ———
A reporter . . . . .   24 volumes

Report . . . . .   21 volumes

Almanach spectacle. 1826. . . . . .   1 v. in-18
Mᵐᵉ COTTIN.—Œuvres complètes: Claire
    d'Albe, Malvina, Amélie de Mans-
    field, Mathilde, Élisabeth, Jéricho.
    1825 . . . .   12 v. in-18
Almanach spectacle. 1828. . . . . .   1 v. in-18
PILLON. — Année philosophique. 1868.   1 v. in-18
BONNEAU. — Socrate. Trad. de Gerner.
    1877 . . . .   1 v. in-18
VOLNEY. — Œuvres choisies. 1828. .   4 v. in-32
TRESSAN. — Jehan de Saintré. 1824. .   1 v. in-32
Mist. INCHBALD. — Simple Histoire.
    1826 . . . .   1 v. in-32
DÉSAUGIERS.— Chansons. 1824. . . .   3 v. in-18
GRESSET. — Œuvres. 1824 . . . . . .   1 v. in-32
COLLARDEAU. — Œuvres. 1825. . . .   2 v. in-32
PARNY. 1826 . . . .   3 v. in-32
GRAMMONT. — Mémoires. 1829. . . .   2 v. in-32
DE MAISTRE. — Voyage autour de ma
    Chambre, Prisonniers, Lépreux,
    Sibérienne. 1828 . . . .   4 v. in-32
LAMARTINE. — Œuvres complètes. 1826   4 v. in-32
SAINT-LAMBERT. — Les Saisons. 1825.   1 v. in-32

A reporter . . . . .   63 volumes

Report	63 volumes
BERNARD. 1826	1 v. in-32
ERASME de Rotterdam. Civilité.— Trad.	
Bonneau. 1877	1 v. in-18
LOUVET. — Faublas. 1820	8 v. in-18
REGNARD. — Théâtre. 1822	4 v. in-18
ARIOSTE. — Roland furieux. Trad.	
Bonneau. 1879	1 v. in-18
Total du 5ᵉ étage . . .	78 volumes

Sixième Étage

Mme DE STAEL. — Notice de l'Influence des
Passions, de la Littérature, Del-
phine, Corinne, de l'Allemagne,
Révolution, Mélanges, Essais. 1820   17 v. in-8°
Théâtre moderne . . . .   6 v. in-18
GARNIER-PAGÈS. — Chute de la Royauté.
1861 . . . .   1 v. in-8°
PARADE. — Culture des Bois. 1837 . .   1 v. in-8°
ARAGO. — Astronomie populaire. 1858   1 v. in-8°
FOURNIER. — Animaux domestiques.
1851 . . . .   1 v. in-8°
H. RODRIGUES. — Trois Filles de la Bible.   4 v. in-8°
Vieux Carnet. . . . .   1 v. in-12
GRAETZ. — Juifs d'Espagne . . . . .   1 v. in-8°
CARRÉ. — L'Ancien Orient. 1874. . .   4 v. in-8°
LAMARTINE. — Toussaint, Alexandre,
Geneviève . . . .   3 v. in-8°

Total du 6e étage . . .   40 volumes

Septième Étage

BENVENUTO CELLINI. — Mémoires écrits
    par lui. Trad. de l'italien par
    Saint-Marcel. 1822 . . . .   1 v. in-8°
DE BARANTE. — Histoire du Directoire.
    1855 . . . .   3 v. in- 8°
MIGNET. — Philippe II. 1845 . . . . .   1 v. in- 8°
BOUDOT. — Dictionnaire latin . . . .   1 v. in-8°
ARNAULT. — Œuvres complètes. 1817.   3 v. in-8°
PICARD. — Théâtre. 1821 . . . .   8 v. in-8°
CLÉMENT.—Homélies clémentines. 1847
    Carolus Josephem Pefeli. 1855 . .   1 v. in-8°
LEMONTEY. 1829 . . . .   5 v. in-8°
H. RODRIGUES. — Saint Pierre. Trois
    Filles de la Bible . . . .   3 v. in-8°

Total du 7ᵉ étage . . . 26 volumes

Huitième et Neuvième Étage

25 Manuscrits et Épreuves. . . . . . . 25 v. in-8°
Bois de Boulogne . . . . 1 v. in-8°
Catalogues . . . . 3 v. in-8°

Total du 8ᵉ et du 9ᵉ étage . . . 29 volumes

Récapitulation de la Neuvième Bibliothèque

Premier étage.	28	volumes
Deuxième étage	32	—
Troisième étage	43	—
Quatrième étage.	42	—
Cinquième étage.	78	—
Sixième étage	40	—
Septième étage	26	—
Huitième et neuvième étage	29	—
Total de la 9ᵉ *Bibliothèque.*	318	volumes

DIXIÈME BIBLIOTHÈQUE

Premier Étage

A reporter . . . . . 9 volumes

Report.	9 volumes
Dumas, les 1001 Fantômes. 1861. —	
Maquet, l'Envers et l'Endroit. 1862	1 v. in-18
Chapus. — Soirées de Chantilly. 1855.	1 v. in-18
Blum. — La Haggada. 1880.	3 v. in-18
Ad. Regnier. — Jardin des Racines grecques. 1850	1 v. in-18
Aufauvre. — Hyères	1 v. in-18
Lurine. — Ici l'on Aime. 1854. . . .	1 v. in-18
De Boigne. — Mémoires de l'Opéra. 1857	1 v. in-18
P. de Kock. — Ni jamais ni toujours. 1843	1 v. in-18
Martin. — Substances alimentaires. 1853	1 v. in-18
Total du 1er étage. . .	20 volumes

Deuxième Etage

Genlis. — Contes moraux. 1804. . .   6 v. in-12
Homère.—Iliade et Odyssée. Trad. Gin.
    1784 . . . .   7 v. in-12
Blanchard. — Beautés de l'Histoire de
    France. 1821. . . . .   1 v. in-12

       Total du 2ᵉ étage. . .   14 volumes

Troisième Étage

MENDELSSOHN. — Songe d'une nuit d'été
    (quatre mains) . . . .   1 v. oblong
ROSSINI. — Moïse . . . .   1 v. oblong
WEBER. — Robin des Bois. . . . . . .   1 v. oblong
HÉROLD. — Zampa. . . . .   1 v. oblong
AUBER. — Le Maçon . . . .   1 v. oblong
MOZART. — Don Juan. . . . .   1 v. oblong
DONIZETTI. — Elisire d'Amore . . . .   1 v. oblong
CHERUBINI. — Élise. . . . .   1 v. oblong
WEBER. — Oberon (quatre mains) . .   1 v. oblong
BELLINI. — Puritani . . . .   1 v. oblong
WEBER. — Euryanthe . . . .   1 v. oblong
HANDEL, Judas Machabée, Théodora. —
    BELLINI, Somnambula. . . . . . .   1 v. oblong
AUBER, Fra Diavolo. — ROSSINI, Othello.   1 v. oblong
DONIZETTI. — Elisire d'Amore . . . .   1 v. oblong
WEBER. — Euryanthe (piano, chant.).   1 v. oblong

        A reporter . . . . . .   15 volumes

Report . . . . .   15 volumes

BELLINI, Norma, Sonnambula, Lucie
    de Lamermoor. — VERDI, Trova-
    tore . . . .   1 v. oblong
BOIELDIEU, Dame Blanche, Jean de
    Paris. — GLUCK, Orphée . . . .   1 v. oblong
AUBER. — Muette de Portici . . . . .   1 v. oblong
HALÉVY. — L'Éclair (quatre mains) . .   1 v. oblong
MOZART, Nozze di Figaro. — ROSSINI,
    Barbiere di Siviglia . . . .   1 v. oblong

Total du 3ᵉ *étage* . . .   20 volumes

Quatrième Étage

Rossini. — Le Comte Ory . . . .   1 v. in-f°
    — Moïse . . . .   1 v. in-f°
    — Othello . . . .   1 v. in-f°
    — Gazza ladra . . . .   1 v. in-f°
    — Barbier de Séville . . . . . .   1 v. in-f°
    — Mahometto . . . .   1 v. in-f°
    — Italiana in Algeri . . . . . .   1 v. in-f°
    — Cenerentola . . . .   1 v. in-f°
    — Semiramide . . . .   1 v. in-f°
    — Donna del lago . . . .   1 v. in-f°
Auber, Lac des Fées. — Halévy, Le
    Shérif. — Bellini, Norma . . . .   1 v. in-f°

Total du 4e étage . . .   11 volumes

Cinquième Étage

MEYERBEER. — Marguerite d'Anjou . .	1 v. in-4°
— Crociato	1 v. in-4°
— Les Huguenots	1 v. in-4°
HALÉVY. — L'Éclair	1 v. in-4°
HÉROLD. — Zampa	1 v. in-4°
— Marie	1 v. in-4°
AUBER. — Le Dieu et la Bayadère . .	1 v. in-4°
— Fra Diavolo	1 v. in-4°
— Fiancée	1 v. in-4°
— Muette de Portici	1 v. in-4°
BELLINI. — Puritani	1 v. in-4°
SCHUBERT. — Mélodies	1 v. in-4°
WEBER. — Robin des Bois	1 v. in-4°
BOIELDIEU. — Dame Blanche	1 v. in-4°

Total du 5ᵉ étage . . . 14 volumes

Sixième Étage

MAYER. — Les Rapports conjugaux.
1860 . . . .   1 v. in-18
MORNAND. — Vie à Paris. 1855 . . . .   1 v. in-18
Brochures israélites et protestantes. .   1 v. in-18
BALZAC. — Modeste Mignon. 1856. . .   1 v. in-18
HAVTHORNE. — La Lettre rouge. 1873.   1 v. in-18
ROGER DE BEAUVOIR. — Aventurières.
1856 . . . .   1 v. in-18
LAURENT PICHAT. — L'Art . . . .   1 v. in-18
GEORGE SAND. — Antonia 1863 . . . .   1 v. in-18
— Amour de l'Age d'or. 1866 . .   1 v. in-18
MINORET. — Oraison dominicale. 1855.   1 v. in-18
VICTOR HUGO. — Légende des Siècles.
1862 . . . .   1 v. in-18
SERET. — Coudées franches. 1863 . .   1 v. in-18
ABOUT. — Le Cas de M. Guérin. 1862.   1 v. in-18
DASH. — Bals masqués. 1857 . . . .   1 v. in-18
AL. WEILL. — 24 février. 1869 . . .   1 v. in-18
Mme ROGER. — Mlle Mars. 1855 . . . .   1 v. in-18

Total du 6ᵉ étage . . .   16 volumes

Septième Étage

Journal des Débats. 1838-1839-1840-   6 v. in-f°
   1841 . . . .
Le Charivari. 1863-1864-1877-1888.   4 v. in-f°
Le Journal amusant . . . .   5 v. in-f°

       Total du 7ᵉ étage . . .   15 volumes

Récapitulation de la Dixième Bibliothèque

Premier étage.	20 volumes
Deuxième étage	14 —
Troisième étage	20 —
Quatrième étage.	11 —
Cinquième étage.	14 —
Sixième étage	16 —
Septième étage	15 —

Total de la 10e Bibliothèque. 110 volumes

ONZIÈME BIBLIOTHÈQUE

Premier Étage

Midrachim . . . . 15 v. in-8°
Saint Paul . . . . 16 v. in-8°
Justice de Dieu . . . . 1 v. in-8°
Trois Filles de la Bible . . . . 1 v. in-8°

Total du 1er *étage* . . . 33 volumes

Deuxième Étage

JACCOUD. — Dictionnaire de Médecine.
1864-1885 . . . . 38 v. in-8°

Troisième Étage

BOUILLET. — Dictionnaire d'Histoire.
1847 . . . . 1 v. in-4°
BOUILLET. — Dictionnaire des Sciences.
1854 . . . . 1 v. in-4°
A. JAL. — Dictionnaire critique. 1867 . 1 v. in-4°
GRÉGOIRE. — Dictionnaire d'Histoire.
1871 . . . . 1 v. in-4°

A reporter . . . . . 4 volumes

Report	4 volumes
DEZOBRY. — Dictionnaire d'Histoire. 1863	2 v. in-4°
DEZOBRY. — Dictionnaire des Sciences. 1862	2 v. in-4°
BELÈZE. — Dictionnaire de la Vie pratique. 1862	1 v. in-4°
CHAMBRE SYNDICALE. — Annuaire des Valeurs. 1885	1 v. in-4°
DAVID MARTIN. — Bible. 1884	1 v. in-4°
BOISSIER. — Dictionnaire analogique .	1 v. in-4°
LAFAGE. — Dictionnaire des Synonymes. 1858	1 v. in-4°
MORANDINI. — Dictionnaire des Rimes. 1886	1 v. in-4°
ROBERTSON. — Dictionnaire idéologique. 1859	1 v. in-8°
H. RODRIGUES. — Théâtre imaginaire. 1889	3 v. in-8°
H. RODRIGUES. — Charles IX. 1887 . .	1 v. in-8°
— Catalogues. 1889	3 v. in-8°

Total du 3ᵉ étage . . . 22 volumes

Quatrième Étage

Geⱺrge Sand. — Château des Désertes.
1854 . . . .   1 v. in-12
Georgе Sand. — Mont-Revêche. 1855.   1 v. in-12
— Elle et Lui. 1859 . . . . . .   1 v. in-12
— Péché d'Antoine. 1852. . . .   2 v. in-12
— La Filleule. 1857 . . . . . .   1 v. in-12
— Horace. 1857 . . . .   1 v. in-12
— Teverino. 1854 . . . .   1 v. in-12
— Diable aux Champs. 1857. . .   1 v. in-12
— Indiana. 1856 . . . .   1 v. in-12
— Daniela. 1857 . . . .   2 v. in-12
Alph. Karr.— Sainte-Adresse, Vérités.
1853 . . . .   1 v. in-12
Alph. Karr. — En fumant, Agathe.
1856-1861. . . . .   1 v. in-12
Alph. Karr.— Les Femmes, les Fleurs.
1860-1861 . . . .   1 v. in-18
Taine. — Voyage aux Pyrénées. 1863.   1 v. in-12

A reporter . . . . .   16 volumes

Report	16 volumes
GENLIS. — Théâtre d'Éducation. 1813.	5 v. in-12
BARTHÉLEMY. — Anacharsis. 1799 . .	7 v. in-12
J. JANIN. — Fin d'un Monde. 1861 . .	1 v. in-12
— Barnave. 1860	1 v. in-12
FLÉCHIER. — Théodore. 1808	1 v. in-12
ROQUEPLAN. — Regains. 1853	1 v. in-12
Total du 4ᵉ étage . . .	32 volumes

Cinquième Étage

Lévy Alvarez. — Histoire moderne .	5 v. in-18
Busnach. — Théâtre. 1872	2 v. in-12
Legouvé. — Théâtre. 1850	1 v. in-12
Rouville. — Eunape. 1879	1 v. in-18
Quatrefages. — Histoire de l'Homme. 1867	1 v. in-18
Gourdon. — Faucheurs de Nuit. 1860.	1 v. in-18
Saintine. — Les Métamorphoses. 1860.	1 v. in-18
Erckmann-Chatrian.— L'Invasion. 1860	1 v. in-18
Reybaud. — Jérôme Paturot. 1857 . .	1 v. in-18
Erckmann-Chatrian. — L'Ami Fritz. 1864	1 v. in-18
Lévy Alvarez. — Sciences exactes . .	1 v. in-18
A. Scholl.— Mensonges parisiens.1863	1 v. in-18
Alph. Karr. — Raoul Desloges. 1852.	1 v. in-18
Meilhac et Halévy. — Théâtre. 1872 .	1 v. in-18
Voyageurs anglais. 1852	1 v. in-18
Graetz. — Histoire des Juifs. 1881 . .	1 v. in-8°

A reporter . . . . . . 21 volumes

Report	21 volumes
Voily. — Orpheline de Moscou. 1847.	1 v. in-12
Robinson Crusoé. 1845	1 v. in-12
Théâtre moderne. 1866	1 v. in-12
Catéchisme d'Agriculture. 1857 . . .	1 v. in-12
About. — Madelon. 1863	2 v. in-18
Montalivet. — Rien! 1864	1 v. in-18
Murger.— Scènes de Campagne. 1856.	
Pays latin. 1856	1 v. in-18
Sadler. — Langue anglaise. 1874 . .	1 v. in-18
Musée du Louvre. 1876	1 v. in-12
Astruc. — Entretiens. 1879	1 v. in-12
Théophile Gautier. — Les Beaux-Arts.	
1855	1 v. in-12
Edgar Poe. — Contes inédits	1 v. in-18
Total du 5ᵉ étage . . .	34 volumes

Sixième Étage

Apologues et Historiettes . . . .   50 v. in-4°

Septième Étage

Documents et Manuscrits . . . . . .   30 v. in-8°

Récapitulation de la Onzième Bibliothèque

Premier étage.	33	volumes
Deuxième étage.	38	—
Troisième étage.	22	—
Quatrième étage.	32	—
Cinquième étage.	34	—
Sixième étage.	50	—
Septième étage	30	—

Total de la 11ᵉ Bibliothèque. 239 volumes

DOUZIÈME BIBLIOTHÈQUE

Premier Étage

Buffon. — Œuvres complètes. Édit.
Sonnini. An IX. 1801 . . . . . . 25 v. in-8°

Deuxième Étage

LORD BYRON. — Édit. Amédée Pichot.
    1823 . . . .   21 v. in-12
MORTONVAL. — La Dame de Saint-Bris.
    1827 . . . .   4 v. in-12
Les Lairds de Grippy. 1824 . . . . .   4 v. in-12
Poésies révolutionnaires. 1827. . . .   2 v. in-12
GENLIS. — Mlle de Lavallière. 1816 . .   1 v. in-12
DE VIGNY. — Cinq-Mars. 1829. . . .   2 v. in-12

        Total du 2ᵉ étage. . . 34 volumes

Troisième Étage

PLUTARQUE. — Trad. Alexis Pierron.
   1861 . . . . 4 v. in-18
Théâtre moderne . . . . 11 v. in-12
JACQUES. — Manuel des Plantes . . . 4 v. in-12

Total du 3ᵉ étage. . . 19 volumes

Quatrième Étage

DICKENS. — Trad. Amédée Pichot. 1847.   3 v. in-12
MARIA DERAISME. — France et Progrès .   1 v. in-18
HENRY ZSHOKKE. — Contes suisses.
    Trad. Loeve-Veimars. 1848. . .   2 v. in-18
HALÉVY. — Souvenirs et Portraits. 1861.   1 v. in-18
DURUY. — Histoire romaine. 1850. . .   1 v. in-18
LÉON HALÉVY. — Fables. 1855 . . . .   1 v. in-18
LUDOVIC HALÉVY. — L'Invasion. 1872.   1 v. in-18
HENRY HEINE. — Légendes. 1864 . . .   1 v. in-18
OCTAVE FEUILLET. — Comédies. 1854 .   1 v. in-18
    — Petite Comtesse. 1857 . . . .   1 v. in-18
    — Julia Trecœur. 1872. . . . .   1 v. in-18
SÉDILLOT. — Chronologie universelle.
    1865 . . . .   1 v. in-18
SÉDILLOT. — Jésus. 1872 . . . . . .   1 v. in-18
MICHELET. — L'Amour. 1859. . . . .   1 v. in-12
    — La Femme. 1860 . . . . . .   1 v. in-12
ADAM. — Souvenirs. 1857. . . . . .   1 v. in-12
                                       ———
        A reporter. . . . . .   19 volumes

Report. . . . .   19 volumes

Sandeau. — Sacs et Parchemins. 1851.   1 v. in-12

— Jean de Thomeray. 1873. . .   1 v. in-12

— Maison de Penarvan. 1858 . .   1 v. in-12

Conscience. — Mémoires. 1843. . . .   1 v. in-12

Alph. Karr. — Mon Jardin. 1861 . .   1 v. in-12

— Agathe, les Femmes. 1855 . .   2 v. in-12

— Rosa, Menus Propos. 1859 . .   2 v. in-12

Total du 4ᵉ étage. . .   28 volumes

Cinquième Étage

Eugène Sue. — Arthur. 1840	2 v. in-18
Gaboriau. — M. Lecocq. 1870	2 v. in-18
Zeller. — Histoire d'Italie. 1853. . .	1 v. in-18
Bernard.— Nœud Gordien. 1853. . .	1 v. in-18
Lamartine.— Raphaël. 1851.	1 v. in-18
Lamennais. — Paroles d'un Croyant. 1844	1 v. in-18
Alfred de Musset. — Nouvelles. 1852.	1 v. in-18
Théophile Gautier. — Contes. 1865. .	1 v. in-18
Edgar Poe. — Gordon Pym. 1868 . .	1 v. in-18
Parville. — La Planète Mars	1 v. in-18
Morin. — Tribulations d'un Anobli. 1872	1 v. in-18
George Sand. — Jeanne. 1852	1 v. in 18
Philidor. — Jeu des Échecs.	1 v. in-18
Edgar Poe.—Histoires extraordinaires. 1864	1 v. in 18
Proudhon.— Œuvres. 1868.	1 v. in-18

A reporter . . . . .   17 volumes

Report . . . . .   17 volumes

Flourens. — Longévité. 1855 . . . .   1 v. in 18

Carière. — Multiplication. 1856 . . .   1 v. in 18

Leouzon-Leduc. — Poèmes suédois.
1867 . . . .   1 v. in-18

Ponson du Terrail. — Le Maître d'École
1873 . . . .   1 v. in-18

Catéchisme d'Agriculture. 1857 . . .   1 v. in-18

Boncour. — Cours d'Horticulture. 1861   1 v. in-18

Pouillet. — Physique. 1856 . . . .   1 v. in-18

Kieffer. — Légendes du Rhin. 1847 .   1 v. in-18

Jules Verne. — Voyage au centre de
la Terre . . . .   1 v. in-18

Guiraud. — Poèmes. 1824 . . . . .   1 v. in-18

Bossuet. — Oraisons funèbres. 1863 .   1 v. in-12

Bocquillon. — Vie des Plantes. 1868.   1 v. in-12

———

Total du 5ᵉ étage . . .   29 volumes

———

Sixième Étage

DUMAS FILS. — Théâtre. 1875 . . . . 5 v. in-12
DUMAS. — Les Trois Mousquetaires.
 1846 . . . . 2 v. in-12
DUMAS.— Vingt Ans après. 1846. . . 3 v. in-12
EUGÈNE SUE. — Secrets de l'Oreiller.
 1861 . . . . 3 v. in-12
EUGÈNE SUE. — Les Fils de Famille . . 3 v. in-12
COQUEREL. — Le Credo, le Christia-
 nisme, la Foi. 1869 . . . . . . 1 v. in-12
Sainte Bible. — Trad. Louis Segond.
 1880 . . . . 1 v. in-12
Mme CAMPAN. — Mémoires. 1823 . . . 4 v. in-12
Prières israélites . . . . 1 v. in-12
Guida in Italia. 1839. . . . . 1 v. in-12
Théâtre moderne. 1853 . . . . . . 1 v. in-12
THOMAS MOORE. — Lalla Roukh. 1820 . 2 v. in-12
JOANNE. — Bade. 1851 . . . . 1 v. in-12

   A reporter . . . . . 28 volumes

Report. . . . . .   28 volumes

La Hagada. — Trad. par Blum. 1876 .   1 v. in-12
V IARDOT. — Musées de France. 1855 .   1 v. in-12
PEYSSONEL.— Guide de Bordeaux. 1855   1 v. in-12
ULBACH. — Prince Bonifacio. . . . . .   1 v. in-12
ROY. — Charlemagne. 1838 . . . . .   1 v. in-12

Total du 6ᵉ *étage.* . . .   33 volumes

Septième Étage

ALPH. KARR.— Les Guêpes. 1859. . .	1 v. in-12
LÉVY. — Veillées du Vendredi. . . .	1 v. in-12
SCHELCHER. — Saint Paul. 1879 . . .	1 v. in-12
DUBREUIL. — Horticulture. 1860 . . .	1 v. in-18
MONSELET. — Statues. 1852	1 v. in-18
LAWY. — Histoire générale	1 v. in-18
PICHEL.— L'Art.	1 v. in-18
PARNY. — Portefeuille volé. 1805 . .	1 v. in-18
— Rosecroix. 1807.	1 v. in-18
FÉNELON. — Télémaque. 1807	1 v. in-12
VOLTAIRE. — Charles XII. 1808 . . .	1 v. in-12
P.-J.— Histoire du Bas-Empire. 1811.	1 v. in-12
BUFFON. — Le Chien. 1775	1 v. in-12
Livres d'Études.	22 v. in-18

Total du 7ᵉ étage. . .   35 volumes

Huitième Étage

Livres brochés . . . .   58 volumes

Récapitulation de la Douzième Bibliothèque.

Premier étage.	25 volumes
Deuxième étage	34 —
Troisième étage	19 —
Quatrième étage.	28 —
Cinquième étage.	29 —
Sixième étage.	33 —
Septième étage	35 —
Huitième étage	58 —

Total de la 12ᵉ Bibliothèque.   261 volumes

TREIZIÈME BIBLIOTHÈQUE

Premier Étage

Buffon[1].—Suite des Œuvres complètes. Édit. Sonnini. An VIII . . . . . . 42 v. in-8°

Deuxième Étage

Cabinet des Fées. 1786 . . . . 37 v. in-8°

1. Voir la douzième Bibliothèque, premier étage, page 123.

Troisième Étage

BACHAUMONT. —Mémoires secrets. 1784.   35 v. in-12
WALTER SCOTT. — Trad. originale
    Defauconpret. 1823 . . . .   20 v. in-12

       Total du 3ᵉ étage. . .   55 volumes

Quatrième Étage

WALTER SCOTT. — Œuvres complètes.
    Trad. Defauconpret. 1824 à 1832 :
WALTER SCOTT. — Lai du Dernier
    Ménestrel . . . .   1 v. in-12
WALTER SCOTT. — Lord des Isles. . .   1 v. in-12
    — Dame du Lac. . . . .   2 v. in-12

       A reporter. . . . .   4 volumes

Report	4 volumes
Walter Scott. — Waverley	4 v. in-12
— L'Antiquaire.	4 v. in-12
— Nain mystérieux	1 v. in-12
— Prison d'Édimbourg	4 v. in-12
— Fiancée de Lamermoor	3 v. in-12
— Le Monastère.	4 v. in-12
— Kenilworth	4 v. in-12
— Lettres de Paul.	3 v. in-12
— Halidon Hill	1 v. in-12
— Quentin Durward.	4 v. in-12
— Redgauntlet	4 v. in-12
— Richard en Palestine	3 v. in-12
— Essais sur les Romans	3 v. in-12
— Swift	2 v. in-12
— Woodstock.	4 v. in-12
— Chroniques.	4 v. in-12
— Jolie Fille de Perth	4 v. in-12
— Essais sur les Théâtres. . . .	2 v. in-12
— Château périlleux.	2 v. in-12
— Rokeby	2 v. in-12
— Marmion.	2 v. in-12
— Don Roderick	1 v. in-12
— Guy Mannering.	4 v. in-12
A reporter	73 volumes

Report	73	volumes
WALTER SCOTT. — Puritains d'Écosse .	4 v. in-12	
— Rob-Roy	4 v. in-12	
— Officier de Fortune	2 v. in-12	
— Ivanhoë	4 v. in-12	
— L'Abbé	4 v. in-12	
— Le Pirate	4 v. in-12	
— Nigel	4 v. in-12	
— Peveril du Pic	5 v. in-12	
— Saint-Ronan	4 v. in-12	
— Connétable de Chartres . . .	3 v. in-12	
— Biographie des Romanciers . .	4 v. in-12	
— Dryden	2 v. in-12	
— Chants populaires	4 v. in-12	
— Histoire de Napoléon	18 v. in-12	
— Histoire d'Écosse	11 v. in-12	
— Charles le Téméraire	5 v. in-12	
— Robert de Paris	4 v. in-12	

Total du 4ᵉ étage . . . 159 volumes

Cinquième Étage

Buffon-Lacépède. 1830	83 v. in-8°
Métastasio. — Théâtre. 1784	8 v. in-32
Les Cinq Codes. 1825	1 v. in-32
Total du 5ᵉ *étage* . . .	92 volumes

Sixième Étage

Buffon. — Édit. Didot. 1843	2 v. in-12
Kermoysan. — Napoléon. 1857. . . .	3 v. in-12
H. Rodrigues. — Trois Filles de la Bible	1 v. in-12
Berquin. — Sandford et Merton. 1845.	1 v. in-12
Milady Catesby. — Lettres. Amsterdam 1759	1 v. in-12
Hérodote. — Trad. Duryer. 1678 . .	3 v. in-12
Tressan. — Mythologie. 1810	2 v. in-12
Fresse Monval. — Marine illustrée. 1830	2 v. in-12
Keepsake de 1830.	1 v. in-8°
Ourliac. — Prince Coqueluche. 1846.	1 v. in-8°
Michaud. — Printemps d'un Proscrit. 1827	1 v. in 8°
Cousin d'Avalon. — Contes et Rires. 1825	1 v. in-12

A reporter. . . . . . 19 volumes

Report . . . . .   19 volumes

Plan de Versailles. . . . .   1 v. in-18

Durdent. — Beautés de l'Histoire
grecque. 1819 . . . .   1 v. in-12

Beauchamp. — Biographie des Jeunes
Gens. 1818 . . . .   2 v. in-12

Picard. — Théâtre. 1812-1821 . . .   8 v. in-8°

Develey. — Les Impériales. 1855 . .   1 v. in-12

Robinet. — Histoire de Russie et de
Pologne. 1847 . . . .   1 v. in-8°

Cardinal de Retz. — Mémoires. Édit.
Champollion. 1859 . . . . . .   4 v. in-18

Saint-Maurice.— Guerre des Religions.
1825 . . . .   1 v. in-32

Joanne. — Fontainebleau. 1882 . . .   1 v. in-12

— Seine-et-Oise. 1874 . . . . .   1 v. in-12

Victor Hugo. — Han d'Islande. 1823 .   4 v. in-12

Total du 6ᵉ *étage*. . .   44 volumes

Septième Étage

MONTESQUIEU, HORACE, STERNE. 1866 . .   1 v. in-18
LAMENNAIS, GOETHE. 1856 . . . .   1 v. in-18
SWIFT, Gulliver.— REGNARD, Le Joueur.
    1865 . . . .   1 v. in-18
Mme DE SÉVIGNÉ. — Lettres. 1860 . . .   1 v. in-18
CAZOTTE, Diable amoureux.— ÉPICTÈTE,
    Maximes. Trad. Dacier. — DE
    MAISTRE, Voyage autour de ma
    Chambre. 1866 . . . .   1 v. in-18
Contrat social, Paul et Virginie. —
    JUVÉNAL, Satires. Trad. Poupin.
    1865 . . . .   1 v. in-18
VICTOR HUGO. — Les Travailleurs de la
    Mer. 1866 . . . .   1 v. in-18
GOLDSMITH. 1837 . . . .   1 v. in-18
CONDORCET, Voltaire. — FONTENELLE,
    Les Mondes. 1866 . . . .   1 v. in-18
AL. WEILL. — Fleurs d'Esprit. 1885 .   1 v. in-18

____

A reporter . . . . . .   10 volumes

Report.	10 volumes
Prières israélites. 1772-1773-1774-1807	5 v. in-12
PRIDAUX. — Histoire des Juifs. Trad. de l'anglais. 1728	6 v. in-12
JOSÈPHE. — Trad. Arnault d'Andilly. 1744	1 v. in-12
GUÉRIN. — Simples Récits. 1842 . . .	1 v. in-12
Histoire de Charles-Quint.	1 v. in-12
VERTOT.— Révolution de Suède. 1806.	2 v. in-18
BERVILLE. — Histoire de Bayard. 1823.	1 v. in-18
THIERS. — De la Propriété. 1848. . .	1 v. in-18
NUGENT. — Pocket dictionnary. 1851 .	1 v. in-12
ASTRUC. — Histoire des Juifs. 1869. .	1 v. in-18
DE LANNEAU.— Dictionnaire des Rimes. 1829	1 v. in-32
Livres de classe.	4 v. in-12
Bois de Boulogne	1 v. in-12
BALZAC.— Peine de Cœur d'une Chatte. 1853	1 v. in-18
Vaudevilles. 1822.	1 v. in-32
JERAM. — My three Aunts.	1 v. in-18
JOANNE. — Vosges. 1878	1 v. in-18
SÉVIGNÉ. — Lettres. 1823	3 v. in-18

Total du 7ᵉ étage. . . 43 volumes

Huitième Étage

Livres de classe. . . . .   67 v. in-18

Récapitulation de la Treizième Bibliothèque

Premier étage.	42	volumes
Deuxième étage	37	—
Troisième étage	55	—
Quatrième étage.	159	—
Cinquième étage.	92	—
Sixième étage	44	—
Septième étage	43	—
Huitième étage	67	—

Total de la 13ᵉ Bibliothèque. 539 volumes

QUATORZIÈME BIBLIOTHÈQUE

Premier Étage

Buffon[1].—Suite des Œuvres complètes.
Édit. Latreille. 1802. . . . . . . 42 v. in-8°

1. Voir la douzième Bibliothèque, premier étage, page 123 et la treizième Bibliothèque, premier étage, page 135.

Deuxième Étage

EDGAR POE.— Nouvelles. 1865. . . .   1 v. in-12
    — Euréka. 1864 . . . .   1 v. in-12
PAUL DE MUSSET. — Puylaurens. 1856 .   1 v. in-12
DUMAS FILS. — L'Homme qui sait. 1872.   1 v. in-12
CARRIERE. — Encyclopédie horticole. .   1 v. in-12
AL. WEILL. — Ma Jeunesse . . . . . .   1 v. in-12
H. RODRIGUES.— Trois Filles de la Bible.   1 v. in-12
SAURIAC. — Mort de Jésus. 1870 . . .   1 v. in-18
GASTINEAU. — César. 1866. . . . . .   1 v. in-18
CAHEN. — Tolérance religieuse. 1879 .   1 v. in-18
LEFLOCQ. — Mythologie celtique. 1879.   1 v. in-18
HORACE. — Trad. Quicherat. 1852 . .   1 v. in-12
PAUCHAND. — Le Druidisme. 1865 . .   1 v. in-18
GENTY. — Histoire des Religions. 1866.   1 v. in-18
LESAGE. — Diable boîteux. 1865 . . .   1 v. in-18
BUSNACH. — Trois Pièces de Zola. 1884.   1 v. in-18
BÆDEKER. — Bords du Rhin. 1868 . .   1 v. in-12
WOGUE. — Guide du Croyant. 1857. .   1 v. in-12
                                            ——
        A reporter . . . . .   18 volumes

Report	18 volumes
Sheridan. — Pièces anglaises. 1840. .	1 v. in-18
Ott, L'Asie.— Richard, Cosmogonie.—	
Lock, Jeanne Darc. 1866	1 v. in-18
Camille Desmoulins. — Œuvres . . .	1 v. in-18
Mme Roland. — Mémoires. 1866 . . .	2 v. in-18
Pascal. — Pensées. Édit. Auguis. 1823.	2 v. in-18
Dareste. — Physiologie du Goût. 1852.	2 v. in-18
Machiavel. — Le Prince. Trad. Ferari.	
1865	1 v. in-18
L'Abbé Prévot.—Manon Lescaut. 1865	1 v. in-18
Cercle des Arts. — Annuaires. 1840-	
1876	2 v. in-18
Horace. — Trad. Batteux. 1866 . . .	2 v. in-18
Rabelais. — Gargantua. 1869	1 v. in-18
Ordonnance de 1831. 1834	3 v. in-18
Brillat-Savarin.—Physiologie du Goût.	
1859	1 v. in-18
Dante. —L'Enfer. Trad. Rivarol. 1867	1 v. in-18
Crevalhier. — L'Hygiène	1 v. in-18
Beaumarchais. — Théâtre. 1865 . . .	2 v. in-18
Coudar.— Grammaire italienne. 1808.	1 v. in-12
Bergeret.— Des Fraudes génératrices.	
1870	1 v. in-12
A reporter	44 volumes

Report . . . . .   44 volumes

Aʙᴏᴜᴛ. — L'Homme à l'Oreille cassée.
    1862 . . . .   1 v. in-12
Fᴏᴀ.— Kidouschim. 1830 . . . . . .   4 v. in-12
Salon de 1886 . . . .   1 v. in-12
Vie privée des Français. 1824 . . . .   1 v. in-12
Aᴄʜᴇᴍ. — Tolérance religieuse. 1879.   1 v. in-12
Aʟ. Wᴇɪʟʟ.— Guerre des Anabaptistes.
    1874 . . . .   1 v. in-12
Dᴀsʜ. — Les Bals masqués. 1857. . .   1 v. in-12
Dᴜʀᴜʏ. — Géographie historique. 1845   1 v. in-8°
Cʀᴇ́ʙɪʟʟᴏɴ Fɪʟs. — Le Sopha. 1777 . .   1 v. in-12
Gʀᴀɴᴅ Cᴇʀᴄʟᴇ. — Annuaires . . . . .   22 v. in-18
Encyclopédie comique. 1803 . . . .   1 v. in-12
                           ———

Total du 2ᵉ étage . . .   79 volumes

Troisième Étage

Mme DE GIRARDIN. — Vicomte de Launay. 1856	3 v. in-18
FIDOR.— Manuscrits de 1905. 1827.	2 v. in-12
A. GUIRAUD. — Césaire. 1830	2 v. in-12
TACITE. — Annales. Trad. Louandre. 1858	2 v. in-12
LÉON HALÉVY. — Luther. 1831	1 v. in-12
MONTESQUIEU. — Esprit des Lois. 1864.	1 v. in-12
DURUY. — Histoire romaine. 1862	1 v. in-12
LOUIS ÉNAULT. — Constantinople. 1855.	1 v. in-12
ÉMILE DE GIRARDIN. — Marguerite. 1856	1 v. in-12
MÉRY. — Nuits italiennes. 1857	1 v. in-12
CATHELINEAU.— Voyage à la Lune. 1865	1 v. in-12
ALBERT FAVIÉ. — Strasbourg. 1868	1 v. in-12
EDGAR RODRIGUES. — Casque prussien. 1871	1 v. in-12
Chants de la Bretagne	1 v. in-12
FEYDEAU. — Comtesse de Chalis. 1868.	1 v. in-12

A reporter. . . . . . 20 volumes

Report	20 volumes
Coquerel. — L'Italie. 1857	1 v. in-12
— Strauss. 1867	1 v. in-12
Robert le Diable	1 v. in-12
Poirot.— Histoire de la Musique. 1860	1 v. in-12
Halévy. — Souvenirs. 1861	1 v. in-12
Pourrat. — Vercingétorix. 1867. . .	1 v. in-12
Henri Monnier.—Religion des Imbéciles	1 v. in-12
Charles.— Gœthe et Ekerman. . . .	1 v. in-12
Moncaut. — L'Esprit français. 1867 .	2 v. in-12
Mirecourt. — Contemporains. 1855 .	1 v. in-18
— Les Alchimistes. 1856. . . .	1 v. in-12
Octave Feuillet. — M. de Camors. 1867	1 v. in-12
Belot. — Châtiment. 1856	1 v. in-12
Henry de Kock. — Fille, Femme, Veuve. 1867.	1 v. in-12
Michelet. — Jeanne Darc. 1863. . .	1 v. in-12
Fénelon. — Morceaux choisis	1 v. in-18
Morin. — Mariage des Prêtres. 1874.	1 v. in-18
Spears. — Prosateurs anglais. 1852. .	1 v. in-12
Lamartine. — Méditations. 1856. . .	1 v. in-12
Flaubert. — Salambô. 1866	1 v. in-12
Goethe. — Les Faust. Trad. Gérard de Nerval. 1868.	1 v. in-12
A reporter	42 volumes

Report . . . . .   42 volumes

MARLOVE. — Faust. Trad. Victor Hugo.
1858 . . . .   1 v. in-12

QUICHERAT. — Siège d'Orléans. 1854 .   1 v. in-12

FÉNELON. — Télémaque. Trad. Colin-
camp. 1849 . . . .   1 v. in-12

ZADOC KHAN. — Sermons. 1875. . . .   1 v. in-12

MICHELET. — La Montagne. 1868. . .   1 v. in-12

SCHILLER. — Trad. de Barante. 1865.   1 v. in-12

STENDHAL. — La Peinture. 1854. . .   1 v. in-12

TH. GAUTIER. — Fracasse. 1864 . . .   1 v. in-12

CHAMPIN. — Ris et Corbeil. 1854. . .   1 v. in-12

FÉLIX BODIN. — Histoire d'Angleterre.
1824 . . . .   1 v. in-32

TENCIN. — Siège de Calais. 1827 . . .   1 v. in-32

Total du 3ᵉ *étage* . . .   53 volumes

Quatrième Étage[1]

WALTER SCOTT. — Suite des Œuvres
complètes. Trad. Defauconpret.
1824 à 1832. . . . .

Cinquième Étage

RABELAIS. 1827	5 v. in-18
SHAKSPEARE.— Trad. Letourneur. 1822.	12 v. in-18
SCHILLER. 1822	6 v. in-18
Théâtre anglais. 1822	4 v. in-18
Théâtre italien	5 v. in-18
GOROTIZA.— Trad. Marie Aycard. 1822	1 v. in-18
Théâtre espagnol. 1822.	1 v. in-18
RACINE. 1803	5 v. in-18
CORNEILLE. 1800.	4 v. in-18
RICHARDSON-GRANDISSON. — Trad. Pré- vost. 1797	11 v. in-18

Total du 5ᵉ étage. . . . 54 volumes

1. Voir la treizième Bibliothèque, quatrième étage, page 136.

Sixième Étage

RICHARDSON.— Clarisse Harlowe. 1760.   6 v. in-12
RACINE. — Théâtre. 1817 . . . .   3 v. in-12
TERTULIEN.— Trad. Hébert. 1683. . .   1 v. in-12
BOURGUIGNON. — Guide du Propriétaire.
     1860 . . . .   1 v. in-12
HOLLANDERSKY. — Moscheck. 1864 . .   1 v. in-12
MÉRY. — Guerre du Nizam. 1859 . . .   1 v. in-12
DELAVILLE-MARQUÉ.— Mystères de Jésus,
     Drame breton du moyen âge. 1866   1 v. in-12
HOLLANDERSKI.— Jeu des Échecs. 1864.   1 v. in-12
WEILL. — Le Secret de l'Amour. 1871.   1 v. in-12
     — Moïse. 1875 . . . .   1 v. in-18
AD. FRANCK, Le Communisme. 1871. —
     CANTALOUBE, Eug. Delacroix. 1864.   1 v. in-12
JOANNE. — Versailles. . . . .   1 v. in 12
REVILLE. — Histoire du Dogme. 1869 .   1 v. in-12
JOURDAIN-DURUY.— Baccalauréat. 1853   1 v. in-12
H. RODRIGUES.—Trois Filles de la Bible.
     1867 . . . .   2 v. in-12

          A reporter. . . . .   23 volumes

Report. . . . . . 23 volumes

BOUFFLERS. — Œuvres. 1823 . . . . 4 v. in-18

JELINEK. — Schema Israël. 1869. . . 1 v. in-12

Voyages de la *Discovery*. 1852. . . . 1 v. in-8°

DELACHAVE. — Siamora. 1860 . . . . 1 v. in-12

DE BERNARD. — L'Écueil, le Paravent.
1853 . . . . 1 v. in-12

DREYS. — Chronologie universelle. 1853 1 v. in-12

PIERSE. — Mont-Dore, Bourboule. 1873. 1 v. in-18

LAMARTINE. — Les Confidences. 1855. 1 v. in-12

SAUPHAR. — Wogue, Gan Ravch. 1850. 1 v. in-12

LEGOUVÉ. — Édith de Falsen. 1852. . 1 v. in-12

LAMARTINE. — Geneviève. 1855. . . . 1 v. in-18

PONGERVILLE. — Amours mythologiques.
1827 . . . . 1 v. in-18

SILVIO PELLICO. — Mes Prisons. 1853 . 1 v. in-12

ALFRED DE MUSSET. — Contes. 1854. . 1 v. in-12

GRADIS. — Zeidouna. 1845 . . . . . 1 v. in-12

LA ROCHEFOUCAULD. — Des Dames . . 1 v. in-18

RODRIGUES MOURANTO. — Calendrier
hébraïque. 1814. . . . . 1 v. in-12

Selectæ . . . . 1 v. in-18

Causeries d'Enfants . . . . 1 v. in-18

————

Total du 6ᵉ étage. . . . 45 volumes

Septième Étage

Alph. Karr. — Fées de la Mer. 1851 .	1 v. in-12
Stahl. — Tom Pouce. 1845.	1 v. in-12
Joanne. — Géographie de l'Oise. 1880.	1 v. in-12
Desbordes-Valmore. — Poésies. 1830 .	1 v. in-12
Duruy. — Géographie historique. . .	1 v. in-12
Wyss. — Robinson suisse. 1845 . . .	1 v. in-12
Tullius Cicéron. — De Officiis. 1815 .	1 v. in-12
Dehaut. — Manuel de Médecine . . .	1 v. in-12
Dupays. — L'Italie septentrionale. . .	1 v. in-12
Pillon. — L'Année philosophique. 1868	1 v. in-12
Recopé. — Forêt de Saint-Germain. .	1 v. in-12
Galand. — Mille et une Nuits illustrées.	1 v. in-12
La Fontaine. — Fables. Édit. Geruzez. 1884	1 v. in-18
Fleury. — Mœurs des Israélites. 1829.	1 v. in-12
Lady Montagne. — Letters. 1805. . .	1 v. in-12

A reporter . . . . . . 15 volumes

Report	15 volumes
D'Abrantès. — Amirante de Castille. 1832	2 v. in-18
Pascal. — Provinciales. Édit. Neufchâteau. 1857	1 v. in-12
Guérin. — Fontaine de Vaucluse. 1804	1 v. in-12
Mémoires d'une Femme de Chambre. 1864	1 v. in-12
Mémoires de Thérèse. 1865	1 v. in-12
Ancien-Cercle. — Annuaires	22 v. in-18
Esquisses historiques	1 v. in-18
Ad. Sarazin. — Contes nouveaux. 1825	4 v. in-18
Les Spectacles de 1827. 1827	1 v. in-18
Boinvilliers. — De Viris illustribus. 1820	1 v. in-12
Gousset. — Code civil. 1835	1 v. in-12
Collins. — La Femme en blanc. 1862.	2 v. in-12
Spears. — Poésie anglaise. 1836 . . .	1 v. in-12
Léon Halévy. — Fables. 1843	1 v. in-12
Cormon. — Dictionnaire italien. 1858.	1 v. in-12
Joanne. — Lyon, la Méditerranée. 1862	1 v. in-12
Dictionnaire latin. 1877	1 v. in-8°
Propine. — Les Croisades	1 v. in-12
Fréville. — Beautés du jeune Age. 1846	1 v. in-12
A reporter	60 volumes

Report	60 volumes
Lhomond.— Le Petit Élève. 1821 . . .	1 v. in-12
Blum. — La Haggada. 1877	1 v. in-18
Jacob.— Soirées de Walter Scott. 1831	1 v. in-18
Balzac.— La Démarche. 1853	1 v. in-18
Total du 7ᵉ étage . . .	64 volumes

Huitième Étage

Livres brochés . . . .   90 v. in-8°

Récapitulation de la Quatorzième Bibliothèque

Premier étage.	42 volumes
Deuxième étage	79 —
Troisième étage	53 —
Quatrième étage[1].	»
Cinquième étage.	54 —
Sixième étage	45 —
Septième étage	64 —
Huitième étage	90 —

Total de la 14ᵉ Bibliothèque.   427 volumes

1. Les volumes sont compris dans la treizième Bibliothèque, quatrième
étage.

QUINZIÈME BIBLIOTHÈQUE

Premier Étage

Catalogues. 1889	15 v. in-8°
Théâtre imaginaire. 1889	10 v. in-8°
Manuscrits.	2 v. in-8°
Historiettes.	20 v. in-8°
Apologues	18 v. in-8°
Prieur. — Dictionnaire Boyer. 1786.	1 v. in-8°
Littérature.	1 v. in-8°
Mollot. — Bourses. 1831	1 v. in-8°
Laharpe. — Œuvres. 1777	1 v. in-8°
H. Rodrigues. — David Rizzio (musique). 1872	1 v. in-8°
H. Rodrigues. — David Rizzio (poème). 1872	1 v. in-8°

Total du 1er *étage* . . . 71 volumes

Deuxième Étage

BUFFON[1]. — Suite des Œuvres com-
plètes. Édit. Latreille. 1802. . . 17 v. in-8°
H. RODRIGUES. — Théâtre imaginaire.
1889 . . . . 10 v. in-8°
DUPIN. — Bibliothèque ecclésiastique.
1689 . . . . 3 v. in-8°
Philosophie de la Nature . . . . . .
BENVENUTO CELLINI. — Mémoires. Édit.
Saint-Marcel. 1822 . . . . . . 1 v. in-8°
G. REVILLE. — Critique religieuse. 1860 1 v. in-8°
Poésie anglaise. . . . . 1 v. in-12
AL. WEILL. — Fils à élever. 1876. . 1 v. in-18
CHESTERFIELD. — Lettres . . . . . . 1 v. in-18
VALMONT DE BOMARE. — Dictionnaire
d'Histoire naturelle. 1775 . . . 3 v. in-8°
____

Total du 2ᵉ étage. . . 38 volumes

1. Voir la douzième Bibliothèque, premier étage, page 123, la treizième
Bibliothèque, premier étage, page 135 et la quatorzième Bibliothèque, premier étage, page 145.

Troisième Étage

Pope. — Œuvres complètes. 1796. .	8 v. in-8°
H. Rodrigues. — Trois Filles de la Bible. 1867	1 v. in-8°
H. Rodrigues. — Charles IX. 1888. .	1 v. in-8°
Lemare.—Dictionnaire des Rimes. 1828	1 v. in-8°
Robertson.— Dictionnaire idéologique. 1859	1 v. in-8°
H. Rodrigues. — Théâtre imaginaire. 1889	7 v. in-8°
H. Rodrigues. — David Rizzio. . . .	5 v. in-8°
Auber. — Concert à la Cour.	1 v. in-8°
— Haydée	1 v. in-8°
— Les Diamants.	1 v. in-8°
— Marco Spada.	1 v. in-8°
— Jenny Bell.	1 v. in-8°
— Domino noir.	1 v. in-8°
— Sirène	1 v. in-8°
— Leicester	1 v. in-8°
— Duc d'Olonne	1 v. in-8°

A reporter. . . . . . 33 volumes

Report . . . . .   33 volumes

MEYERBEER. — Étoile du Nord . . . .   1 v. in-8°

HALÉVY. — Valentine D'Aubigny . . .   1 v. in-8°

NICOLO. — Joconde . . . .   1 v. in-8°

    — Jeannot et Colin . . . . . .   1 v. in-8°

MONSIGNY. — Le Déserteur . . . . . .   1 v. in-8°

ADAM. — Le Chalet . . . .   1 v. in-8°

OFFENBACH. — Fille du Tambour-Major .   1 v. in-8°

    — Bataclan . . . .   1 v. in-8°

GOUNOD. — Médecin malgré lui . . .   1 v. in-8°

HAYDEN. — La Création . . . .   1 v. in-8°

BOIELDIEU. — Voitures versées . . . .   1 v. in-8°

    — Le Chaperon rouge . . . . .   1 v. in-8°

WEBER. — Preciosa . . . .   1 v. in-8°

    — Abou Hassan . . . .   1 v. in-8°

CLAPISSON. — Fanchonette . . . . . .   1 v. in-8°

AL. WEILL. — Théâtre. 1885 . . . .   1 v. in-8°

H. RODRIGUES. — Apologues. 1884 . .   1 v. in-8°

GRAETZ. — Juifs d'Espagne. 1872 . .   1 v. in-8°

SOLOWEYCZYK. — Talmud et Évangile.
1870 . . . .   1 v. in-8°

SAMSON. — L'Art théâtral. 1863 . . .   1 v. in-8°

H. RODRIGUES. — Théâtre. 1877 . . .   1 v. in-8°

———

Total du 3ᵉ étage . . .   54 volumes

Quatrième Étage

MOLIÈRE. — Édit. Didot. An VII . . .	8 v. in-18
BOILEAU. — Édit. Didot. An VII . . .	2 v. in-18
VOLTAIRE. — La Henriade. 1816. . .	1 v. in-18
DUCIS. — Théâtre. 1818	6 v. in-18
Répertoire du Théâtre Français : Tragédies, 7 v.; Comédies en vers, 17 v.; Comédies en prose, 14 v.; Drames, 4 v.	40 v. in-18
Duchesse d'Orléans. 1859.	1 v. in-18
Chefs-d'œuvre d'Éloquence. 1813 . .	1 v. in-12
THOMAS MOORE. — Lalla Roukh. 1820 .	2 v. in-12
SCHILLER. — Poésies. 1822	1 v. in-12
FÉNELON. — Fables. 1809	1 v. in-18
BERQUIN. — Ami des Adolescents. 1822.	2 v. in-18
VOLTAIRE. — Épitres. An VIII	1 v. in-18

Total du 4ᵉ étage. . . . 66 volumes

Cinquième Etage

SÉGUR. — Histoire de Russie. 1829. .   1 v. in-8°
TESTU. — Almanach royal de 1819. .   1 v. in-8°
HOFFMANN. — Contes fantastiques. 1830.   4 v. in-12
PLUTARQUE. — Œuvres morales. Trad.
    Picard. 1844 . . . .   5 v. in-12
MILLOT. — Histoire d'Angleterre. 1802.   3 v. in-12
PONSON DU TERRAIL. — Les Gandins.
    1864 . . . .   2 v. in-12
FONTENELLE. — Œuvres. 1852. . . .   1 v. in-18
ESCUDIER. — Dictionnaire de Musique.
    1844 . . . .   1 v. in-18
RICHARD. — Guide de la Belgique. . .   1 v. in-18
Enfants célèbres . . . .   1 v. in-18
DUBREUIL. — Cours d'Horticulture. 1854   3 v. in-18
MURGER. — Scènes de la Vie de Bohême.
    1854 . . . .   1 v. in-18
SAINT-SIMON. — Louis XIV. 1853. . .   1 v. in-18

A reporter. . . . .   25 volumes

Report . . . . .   25 volumes

LAMARTINE. — Nouvelles Confidences.
1855 . . . .   1 v. in-18
SAINT-GEORGES. — Mariage des Princes.
1859 . . . .   1 v. in-18
SAUPHAR WOGUE. — Manuel d'Instruc-
tion religieuse. 1850. . . . . . .   1 v. in-18
LEBAS. — Histoire ancienne. 1845 . .   2 v. in-18
BESCHERELLE. — Dictionnaire national.
1864 . . . .   1 v. in-18
Le vicomte de Barjac. 1784. . . . .   2 v. in-18
AD. FRANCK. — Morale pour Tous. 1868   1 v. in-18
MARRY ELLIOTT. — Contes anglais. . .   1 v. in-18
BLANCHARD. — Beautés de l'Histoire de
France . . . .   1 v. in-12
BLUM. — La Haggada. . . . .   1 v. in-18
GÉRARD. — Timothée. . . . .   1 v. in-18
— Veille de Noël . . . .   1 v. in-18

Total du 5ᵉ étage . . .   39 volumes

Sixième Étage

Manuscrits et Épreuves. . . . .   18 v. in-8°

Septième Étage

Livres brochés . . . .   50 v. in-8°

Récapitulation de la Quinzième Bibliothèque

Premier étage.	71	volumes
Deuxième étage.	38	—
Troisième étage.	54	—
Quatrième étage.	66	—
Cinquième étage.	39	—
Sixième étage.	18	—
Septième étage	50	—

Total de la 15e Bibliothèque. 336 volumes

SEIZIÈME BIBLIOTHÈQUE

Premier Étage

H. Rodrigues. — Midrachim. 1880 . . 20 v. in-8°
— Trois Filles de la Bible. 1867 . 2 v. in-8°
— Saint Pierre. 1873. . . . . . . 1 v. in-8°
— Saint Paul. 1875 . . . . 2 v. in-8°
Graetz. — Histoire des Juifs. . . . . 2 v. in-8°
Lutton. — Almanach parisien. 1836. 1 v. in-8°
Manuscrits et Épreuves. . . . . . . 3 v. in-8°

Total du 1er *étage.* . . . 31 volumes

Deuxième Étage

Jaccoud[1]. — Suite du Dictionnaire de
    Médecine. 1864-1885 . . . . . . 15 v. in-8°
Soulange-Bodin. — Annales de Fromont.
    1829 . . . . 6 v. in-8°
Carrière. — Les Conifères. 1855 . . . 1 v. in-8°
Lemercier. — Comédies historiques.
    1828 . . . . 1 v. in-8°
Saint-Félix. — Roman d'Arabella. 1834 1 v. in-8°
Ruelle. — La Schmita et Brochures.
    1869 . . . . 1 v. in-8°
Manuel des Valeurs de Bourse. 1854 . 1 v. in-8°
Plutarque. — Hommes illustres. 1804. 2 v. in-8°

Total du 2ᵉ étage. . . . 28 volumes

1. Voir la onzième Bibliothèque, deuxième étage, page 114.

Troisième Étage

HALÉVY. — Jaguarita. . . . .   1 v. in-8°
   — Nabab. . . . .   1 v. in-8°
   — Tempesta . . . .   1 v. in-8°
   — Fée aux Roses . . . .   1 v. in-8°
   — Magicienne. . . . .   1 v. in-8°
   — Valentine . . . .   1 v. in-8°
   — Dame de Pique. . . . . . .   1 v. in-8°
BIZET. — Arlésienne. . . . .   1 v. in-8°
   — Djamileh . . . .   1 v. in-8°
   — Carmen. . . . .   1 v. in-8°
   — Fille de Perth . . . .   1 v. in-8°
   — Pêcheurs de Perles . . . . .   1 v. in-8°
HALÉVY et BIZET. — Noé. . . . .   1 v. in-8°
H. RODRIGUES. — David Rizzio. . . .   1 v. in-8°
JONCIÈRES. — Chevalier Jean. . . . .   1 v. in-8°
MEYERBEER. — Huguenots . . . . . .   1 v. in-8°
   — Mélodies. . . . .   1 v. in-8°
GRÉTRY. — Tableau parlant. . . . .   1 v. in-8°

          A reporter . . . . . .   18 volumes

Report	18 volumes
GRÉTRY. — Richard Cœur de Lion . .	1 v. in-8°
— Épreuve villageoise	1 v. in-8°
HÉROLD. — Marie	1 v. in-8°
MASSÉ. — Jeannette	1 v. in-8°
— Galatée	1 v. in-8°
ADAM. — Postillon	1 v. in-8°
— Toréador	1 v. in-8°
THOMAS. — Caïd	1 v. in-8°
GRISAR. — Porcherons	1 v. in-8°
GOUNOD. — Faust	1 v. in-8°
— Roméo et Juliette	1 v. in-8°
AUBER. — Bergère châtelaine	1 v. in-8°
— Actéon	1 v. in-8°
— Part du Diable	1 v. in-8°
— Ambassadrice	1 v. in-8°
— Léocadie	1 v. in-8°
VERDI. — Nabuchodonosor	1 v. in-8°
— Traviata	1 v. in-8°
— Trovatore	1 v. in-8°
— Rigoletto	1 v. in-8°
— Aïda	1 v. in-8°
ROSSINI. — Guillaume Tell	1 v. in-8°
BELLINI. — Norma	1 v. in-8°
A reporter	41 volumes

Report . . . . . . 41 volumes

MÉHUL. — Joseph . . . . 1 v. in-8°
WEBER. — Oberon . . . . 1 v. in-8°
PAER. — Maître de Chapelle . . . . . 1 v. in 8°
H. RODRIGUES. — David Rizzio . . . . 4 v. in-8°

Total du 3ᵉ étage . . . 48 volumes

Quatrième Étage

SÉGUR. — Histoire ancienne, 9 v.;
Histoire romaine, 7 v.; Histoire du
Bas-Empire, 9 v.; Histoire de
France, 22 v. 1819 . . . . 47 v. in-18

SÉGUR. — Les Femmes. 1822 . . . . 4 v. in-18

PH. DE SÉGUR.— La grande armée.1825. 2 v. in-18

DUPATY. — Lettres sur l'Italie. 1824. . 2 v. in-18

Mme ROLAND. — Mémoires. 1823 . . . 2 v. in-18

TASSE. — Jérusalem délivrée. 1817. . 2 v. in-18

SCHAHNAGAR. — La Perse. 1818 . . . 1 v. in-18

BARRÊME. — Comptes faits. 1810 . . . 1 v. in-18

Abeille du Parnasse. 1757 . . . . . 2 v. in-18

Total du 4ᵉ étage. . . . 63 volumes

Cinquième Étage

LAHARPE. — Cours de littérature. 1822.   18 v. in-18
GALLAND. — Mille et une Nuits. 1823 .   7 v. in-18
MILTON. — Paradis perdu. Trad. Delille.
    1819 . . . .   2 v. in-18
Opéra Comique. — Répertoire. 1811 .   8 v. in-18
DESTOUCHES. — Théâtre. 1820. . . .   4 v. in-18
GESSNER. — Œuvres. 1823 . . . . . .   4 v. in-18
PASCAL. — Provinciales. Auguin 1822 .   2 v. in-18
J.-B. ROUSSEAU. — Odes. 1809 . . . .   2 v. in-18
BOSSUET. — Oraisons. 1818. . . . .   1 v. in-18
LA FONTAINE. — Fables. 1846 . . . .   1 v. in-18

Total du 5ᵉ étage . . .   49 volumes

Sixième Étage

MARMONTEL.— Œuvres complètes. 1819   18 v. in-12
NUGEAT. — Pocket Dictionnary. 1850 .   1 v. in-18
VIRGILE. — Énéide. Trad. Delille. 1804   4 v. in-18
— Géorgiques. Trad. Delille. . .   1 v. in-18
ECHARD. — Histoire Romaine. 1794. .   5 v. in-12
SWIFT. — Gulliver. 1829 . . . .   4 v. in-18
DU PAYS. — Hollande. 1880 . . . . .   1 v. in-18
— Le Moine. 1798. . . . .   2 v. in-18
FÉNELON. — Télémaque. 1799 . . . .   2 v. in-18
LA FONTAINE. — Œuvres diverses. 1744   2 v. in-18
MALHERBES. — Poésies. 1798. . . . .   1 v. in-18
MALFILATRE. — Œuvres. 1822 . . . .   1 v. in-18
ROYAUMONT. — Bible. 1687 . . . . .   1 v. in-12
Lettres juives. 1738 . . . .   1 v. in-12
ASTRUC. — Histoire des Juifs. 1869 . .   1 v. in-18

Total du 6ᵉ étage. . .   45 volumes

Septième Étage

H. Rodrigues. — Théâtre imaginaire .	16 v. in-8°
— Historiettes.	2 v. in-8°
— Apologues	2 v. in-8°
Dictionnaire latin-français.	1 v. in-8°
Dictionnaire français-latin.	1 v. in-8°
Quicherat. — Thesaurus. 1850. . . .	1 v. in-8°
Du Pays. — Italie du Sud. 1869 . . .	1 v. in-12
Richard. — Guide d'Europe. 1854 . .	1 v. in-12
— Tout Paris. 1888	1 v. in-8°
Pezzani. — Existence de l'âme. 1865 .	1 v. in-8°
Mendelssohn. — Exode.	1 v. in-8°
Siret. — Langue anglaise. 1849 . . .	1 v. in-8°
— Langue grecque.	1 v. in-8°
H. Rodrigues.— Trois Filles de la Bible	1 v. in-8°

Total du 7e étage. . . . 31 volumes

Huitième Étage

Manuscrits et épreuves . . . . 17 v. in-8°

Récapitulation de la Seizième Bibliothèque

Premier étage.	31	volumes
Deuxième étage	28	—
Troisième étage	48	—
Quatrième étage	63	—
Cinquième étage.	49	—
Sixième étage.	45	—
Septième étage	31	—
Huitième étage	17	—

Total de la 15ᵉ Bibliothèque. 312 volumes

DIX-SEPTIÈME BIBLIOTHÈQUE

Premier Étage

Académie. — Dictionnaire. 1835 . .   3 v. in-4°
Richelet. — Dictionnaire des rimes.
  1810 . . . .   1 v. in-8°
H. Rodrigues. — Œuvres complètes. 18 v. in-8°
Graetz. — Juifs d'Espagne. 1872. . .   1 v. in-8°
Hallez. — Juifs de France. 1845. . .   1 v. in-8°

Total du 1ᵉʳ étage. . . 24 volumes

Deuxième Étage

HALÉVY. — Lecture musicale	1 v. in-8°
NICOLAS. — Symbole des apôtres. 1867.	1 v. in-8°
TIRCHENDORF. — Acta Apostolorum apocrypha. 1851	1 v. in-8°
HAVET. — Roi des Juifs. 1881. . . .	1 v. in-8°
ABRABANEL. — Principe de foi. Trad. Mossé. 1884	1 v. in-8°
GRAETZ. — Histoire des Juifs. Trad. Wogue. 1882.	3 v. in-8°
ARISTIPPE. — L'Art du comédien. 1826	1 v. in-8°
SUARD. — Mélange de littérature 1803.	2 v. in-8°
AL. WEILL. — Cinq mille mots . . .	1 v. in-8°
DEUTSCH. — Le Talmud. Trad. Baudenan. 1868.	1 v. in-8°
L. MOUROSE. — Petites satires. 1881 .	1 v. in-8°
AUBÉ. — Discours de Celse. 1878 . .	1 v. in-8°
TRENEL. — Hillel. 1867	1 v. in-8°

A reporter. . . . . . 16 volumes

Report . . . . .   16 volumes

ZADOC KHAN. — Esclavage. 1867 . .   1 v. in-8°
RABINOWITZ. — Jésus. 1867 . . . .   1 v. in-8°
SHWAB. — Abrabanel. 1867 . . . .   1 v. in-8°

Total du 2ᵉ étage . . .   19 volumes

Troisième Étage

AL. WEILL. — L'esprit de l'esprit. 1888   1 v. in-12
    — Nos Fiançailles. 1883 . . . .   1 v. in-12
Encyclopédie comique. An XI . . . .   1 v. in-12
CHARTON. — Histoire de France d'après
    les monuments. 1859 . . . . . .   1 v. in-8°
ARIOSTE. — Trad. Tressan. 1824 . . .   4 v. in-18
MALFILATRE. — Poésies. 1825 . . . .   1 v. in-18
FÉLIX BODIN. — Histoire de France,
    (résumé). 1823 . . . .   1 v. in-18
HAMILTON. — Contes. 1828 . . . . .   2 v. in-18

A reporter . . . . .   12 volumes

Report.	12 volumes
BEAUMARCHAIS. — Mémoires. 1827. . .	2 v. in-18
Prières d'un cœur israélite. 1853. . .	1 v. in-18
XÉNOPHON. — Socrate. 1850.	1 v. in-18
HARMAND. — Paris en 1824.	1 v. in-18
LESAGE.— Gil Blas. Trad. anglaise. 1809	4 v. in-18
Catéchisme du Diocèse de Paris. 1863.	1 v. in-18
GRAND-CERCLE. — Annuaires.	1 v. in-12
STERNE. — Tristram Shandy. Trad. française. 1784.	2 v. in-18
GRAFFIGNY. — Lettre d'une Péruvienne. 1827	1 v. in-18
Catalogues. 1887	5 v. in-8°
Total du 3ᵉ étage. . .	31 volumes

Récapitulation

de la Dix-septième Bibliothèque

Premier étage.	24 volumes	
Deuxième étage	19	—
Troisième étage	31	—

Total de la 17e Bibliothèque.   74 volumes

DIX-HUITIÈME BIBLIOTHÈQUE

Premier Étage

HALÉVY. — La Juive (4 mains)	. . .	1 v. in-f°
— La Juive	. . . . .	1 v. in-f°
— Guido et Ginevra	. . . .	1 v. in-f°
— L'Éclair	. . . . .	1 v. in-f°
— La Tentation	. . . .	1 v. in-f°
— Les Treize	. . . . .	1 v. in-f°
— La Reine de Chypre	. .	1 v. in-f°
— Charles VI	. . . . .	1 v. in-f°
— Le Val d'Andorre	. . .	1 v. in-f°
— Le Juif Errant	. . . .	1 v. in-f°
— Charles VI (piano solo)	. .	1 v. in-f°
— Reine de Chypre (piano solo)	.	1 v. in-f°
— Souvenirs de Lafleur	. . .	1 v. in-f°

A reporter . . . . . 13 volumes

Report	13 volumes
HALÉVY. — Le Nabab.	1 v. in-fᵒ
— Jaguarita.	1 v. in-fᵒ
— Valentine d'Aubigny.	1 v. in-fᵒ
— Les Treize.	1 v. in-fᵒ
— La Tempesta.	1 v. in-fᵒ
— Le Dilettante d'Avignon . . .	1 v. in-fᵒ
— La Fée aux roses	1 v. in-fᵒ
WEBER. — Robin des Bois.	1 v. in-fᵒ
HÉROLD. — Zampa.	1 v. in-fᵒ
HALÉVY. — Ludovic	1 v. in-fᵒ
BELLINI. — Puritani	1 v. in-fᵒ
AUBER. — Lac des Fées.	1 v. in-fᵒ
HALÉVY. — Le Schérif	1 v. in-fᵒ
BELLINI. — La Norma	1 v. in-fᵒ

Total du 1ᵉʳ *étage*. . . 27 volumes

Deuxième Étage

MEYERBEER. — Robert le Diable . . .	1 v. in-f°
— Les Huguenots	1 v. in-f°
— L'Étoile du Nord	1 v. in-f°
— L'Africaine.	1 v. in-f°
— Le Prophète.	1 v. in-f°
GLUCK. — Alceste	1 v. in-f°
— Orphée	1 v. in-f°
— Iphigénie en Tauride.	1 v. in-f°
— Iphigénie en Aulide	1 v. in-f°
— Armide	1 v. in-f°
MOZART. — Don Juan	1 v. in-f°
— Clemenza di titto	1 v. in-f°
— Nozze di Figaro.	1 v. in-f°
— Racolta	1 v. in-f°
— Idomeneo.	1 v. in-f°
— Flûte magique	1 v. in-f°
— Coni fan tutte.	1 v. in-f°
— Seraglia.	1 v. in-f°

A reporter . . . . . 18 volumes

Report.	18 volumes
Mozart. — David	1 v. in-fᵒ
— Impresario.	1 v. in-fᵒ
— Requiem.	1 v. in-fᵒ
Halévy. — Prométhée	1 v. in-fᵒ
— Ludovic	1 v. in-fᵒ
— Guitteraro	1 v. in-fᵒ
— Lazzarone	1 v. in-fᵒ
— L'Artisan.	1 v. in-fᵒ
— La Langue musicale	1 v. in-fᵒ
— Les Mousquetaires.	1 v. in-fᵒ
— Le Schérif	1 v. in-fᵒ
— Clary	1 v. in-fᵒ
— La Magicienne.	1 v. in-fᵒ
— Jaguarita.	1 v. in-fᵒ
Méhul. — Ariodant.	1 v. in-fᵒ
Rossini. — Guillaume Tell.	1 v. in-fᵒ
— Guillaume Tell (4 mains). . .	1 v. in-fᵒ
H. Rodrigues. — David Rizzio	1 v. in-fᵒ
Total du 2ᵉ étage. . .	36 volumes

Troisième Étage

Mozart. — Piano.	5 v. in-8°
Rossini. — Siège de Corinthe	1 v. in-8°
— Armida	1 v. in-8°
— Turco in Italia	1 v. in-8°
— Ricciardo e Zoraïde	1 v. in-8°
Cimarosa. — Matrimonio segretto.	1 v. in-8°
Grétry. — Œuvres choisies.	1 v. in-8°
Bellini. — Straniera.	1 v. in-8°
Auber. — Emma	1 v. in-8°
Boieldieu. — Nouveau Seigneur	1 v. in-8°
Hérold. — Pré aux Clercs	1 v. in-8°
— Pré aux Clercs	1 v. in-8°
— Pré aux Clercs (4 mains)	1 v. in-8°
— Marie.	1 v. in-8°
Rifaut. — Sentinelle perdue	1 v. in-8°
Auber. — La Neige	1 v. in-8°
— Le Philtre.	1 v. in-8°
— Le Cheval de bronze.	1 v. in-8°

A reporter . . . . . 22 volumes

	Report.	22 volumes
Auber. — Lestocq.		1 v. in-fᵒ
Spontini. — Fernand Cortez.		1 v. in-fᵒ
Donizetti. — Lucie		1 v. in-fᵒ
— La Favorite		1 v. in-fᵒ
— Don Pasquale.		1 v. in-fᵒ
— Maria di Rohan.		1 v. in-fᵒ
Handel		2 v. in-fᵒ
Boieldieu. — Jean de Paris.		1 v. in-fᵒ
— Fête du village voisin		1 v. in-fᵒ
Auber. — L'Enfant prodigue		1 v. in-fᵒ
H. Rodrigues. — David Rizzio. . . .		1 v. in-fᵒ

Total du 3ᵉ *étage*. . . . 34 volumes

Quatrième Étage

AUBER. — Le Serment	1 v. in-f°
VERDI. — Traviata (4 mains).	1 v. in-f°
MEYERBEER.—Robert le Diable (4 mains)	1 v. in-f°
Morceaux détachés.	3 v. in-f°
WEBER. — Œuvres de piano.	1 v. in-f°
ROSSINI. — Comte Ory	1 v. in-f°
AUBER. — Gustave.	1 v. in-f°
— La Fiancée.	1 v. in-f°
MENDÈS. — Album.	1 v. in-f°
ROSSINI. — Moïse	1 v. in-f°
BEETHOVEN. — Piano	5 v. in-f°
SCHUBERT. — Piano	1 v. in-f°
DONIZETTI. — Anna Bolena	1 v. in-f°
RODOLPHE. — Solfège.	1 v. in-f°
Chant.	2 v. in-f°
Piano	2 v. in-f°
GARAUDÉ. — Méthode.	1 v. in-f°
GOMIS. — Le Diable à Séville	1 v. in-f°

A *reporter* . . . . . 26 volumes

Report. . . . . 26 volumes

Gomis. — Le Revenant . . . .   1 v. in-fᵒ
Boieldieu. — Les Deux Nuits . . . . .   1 v. in-fᵒ
Chérubini. — Faniska. . . . .   1 v. in-fᵒ
Verdi. — Vêpres Siciliennes. . . . .   1 v. in-fᵒ
Spontini. — Fernand Cortez. . . . .   1 v. in-fᵒ
Dalayrac. — Adolphe et Claris. . . .   1 v. in-fᵒ
  — Piano . . . .   1 v. in-fᵒ
  — Morceaux détachés. . . . . .   1 v. in-fᵒ

Total du 4ᵉ étage . . . . 34 volumes

Récapitulation

de la Dix-huitième Bibliothèque

Premier étage. . . . . . .   27 volumes
Deuxième étage . . . . .   36 —
Troisième étage . . . . .   34 —
Quatrième étage. . . . .   34 —

Total de la 18ᵉ Bibliothèque.   131 volumes

DIX-NEUVIÈME BIBLIOTHÈQUE

Premier Étage

Livres brochés. . . . . 160 v. in-8°

Deuxième Étage

Livres brochés. . . . . 160 v. in-8°

Troisième Étage

Livres brochés. . . . . 160 v. in-8°

Quatrième Étage

Livres brochés. . . . . 160 v. in-8°

Cinquième Étage

Livres brochés. . . . . 110 v. in-8°

Sixième Étage

Livres brochés. . . . . 140 v. in-8°

Récapitulation

de la Dix-Neuvième Bibliothèque

Premier étage.	160 volumes
Deuxième étage	160 —
Troisième étage	160 —
Quatrième étage.	160 —
Cinquième étage.	110 —
Sixième étage	140 —

Total de la 19ᵉ Bibliothèque.   890 volumes

VINGTIÈME BIBLIOTHÈQUE

Premier Étage

Livres brochés. . . . . 150 v. in-8°

Deuxième Étage

Livres brochés. . . . . 140 v. in-8°

Troisième Étage

Livres brochés. . . . . 140 v. in-8°

Quatrième Étage

Livres brochés. . . . . 120 v. in-8°

Cinquième Étage

Livres brochés. . . . .   120 v. in-8°

Sixième Étage

Livres brochés. . . . .   160 v. in-8°

Récapitulation

de la Vingtième Bibliothèque

Premier étage.	150	volumes
Deuxième étage	140	—
Troisième étage	140	—
Quatrième étage.	120	—
Cinquième étage.	120	—
Sixième étage	160	—

Total de la 20ᵉ Bibliothèque.   830 volumes

VINGT ET UNIÈME BIBLIOTHÈQUE

Premier Étage

Livres brochés. . . . . 120 v. in-8°

Deuxième Étage

Livres brochés. . . . . 120 v. in-8°

Troisième Étage

Livres brochés. . . . . 120 v. in-8°

Quatrième Étage

Livres brochés. . . . . 120 v. in-8°

Cinquième Étage

Cuivres de David Rizzio. . . . . . .
Cuivres des gravures de Charles IX .   100 v. in-8°

Sixième Étage

Livres brochés. . . . .   100 v. in-8°

Récapitulation

de la Vingt et unième Bibliothèque

Premier étage.	120	volumes
Deuxième étage.	120	—
Troisième étage.	120	—
Quatrième étage.	120	—
Cinquième étage.	100	—
Sixième étage.	100	—

Total de la 21ᵉ Bibliothèque.   680 volumes

VINGT-DEUXIÈME BIBLIOTHÈQUE

Livres brochés. . . . . 250 v. in-8°

TABLE

DES

BIBLIOTHÈQUES

———

<table>
<tr><td>Première bibliothèque.　.　.　.</td><td>318 volumes</td></tr>
<tr><td>Deuxième bibliothèque　.　.　.</td><td>417　—</td></tr>
<tr><td>Troisième bibliothèque　.　.　.</td><td>295　—</td></tr>
<tr><td>Quatrième bibliothèque　.　.　.</td><td>336　—</td></tr>
<tr><td>Cinquième bibliothèque　.　.　.</td><td>203　—</td></tr>
<tr><td>Sixième bibliothèque　.　.　.　.</td><td>226　—</td></tr>
<tr><td>Septième bibliothèque.　.　.　.</td><td>152　—</td></tr>
<tr><td>Huitième bibliothèque.　.　.　.</td><td>162　—</td></tr>
<tr><td>Neuvième bibliothèque　.　.　.</td><td>318　—</td></tr>
<tr><td>Dixième bibliothèque　.　.　.　.</td><td>110　—</td></tr>
<tr><td>Onzième bibliothèque.　.　.　.</td><td>239　—</td></tr>
<tr><td>A reporter.　.　.　.　.</td><td>2776 volumes</td></tr>
</table>

Report	2776	volumes
Douzième bibliothèque . . .	261	—
Treizième bibliothèque . . .	539	—
Quatorzième bibliothèque . .	427	—
Quinzième bibliothèque . . .	336	—
Seizième bibliothèque	312	—
Dix-septième bibliothèque . .	74	—
Dix-huitième bibliothèque . .	131	—
Dix-neuvième bibliothèque . .	890	—
Vingtième bibliothèque . . .	830	—
Vingt et unième bibliothèque .	680	—
Vingt-deuxième bibliothèque .	250	—
Total des Bibliothèques.	7506	volumes

Paris. — Imprimerie Vᵉ P. Larousse et Cⁱᵉ, rue Montparnasse, 19.

9 782014 433739